中公文庫

風に吹かれて I

スタジオジブリへの道

鈴木敏夫
聞き手 渋谷陽一

中央公論新社

風に吹かれてI　目次

本文写真　薈田純一　編集協力　古河晋（ロッキング・オン）

風に吹かれてII　目次

まえがき

　宮崎駿も高畑勲も、鈴木敏夫が居てこそ作品が作れる、ジブリは鈴木敏夫が居てこそのジブリなのだ、と言う人は多い。僕もそう言ったりする。しかし、実際のところ鈴木敏夫が何をしているのか、それは他の人をもって替える事は不可能なのか、それを正確に言える人はいないのではないか。プロデューサーなのだからお金を集めて来るのが役目だ。それだけが鈴木敏夫の仕事なら、大資本がジブリのバックに付けば宮崎作品や高畑作品は作ることができるのか？　決してそんな事はない。企画を立て、監督とアイディアを出し合うのが鈴木敏夫の仕事だとするなら、優秀な企画マンが居ればジブリは大丈夫なのか？　それも違うだろう。では鈴木敏夫は何をやっているのか。鈴木敏夫とは何者なのか。その疑問に鈴木敏夫自らが答えるのがこの本だ。

　鈴木敏夫は話すのがうまい。もの凄くうまい。だから一見インタビューしやすい人のように思える。実際、ほとんどのインタビュアーは鈴木敏夫インタビューは楽だと思うのではないか。取材する側が何も準備しなくても記事ができてしまうのだから、こんなありがたい事はない。しかし僕にとって鈴木敏夫は決して取材しやすい人ではない。何故なら鈴木敏夫が話すのは彼が話をしたい事で、こちらが聞きたい事の答えではない。こちらの話して欲しい事は、鈴木敏夫はそう簡単に話してはくれない。例えば鈴木敏夫とは何者なのか、などという質問には絶対に答えてはくれない。その困難に挑戦し、きっと他では語られない発言を聞く事に成功したのがこの本だ。というか鈴木敏夫自身、気付いていない鈴木敏夫の真の姿にまで届いた本になっているのでは、という自負がある。

僕はポップ・ミュージックと長くかかわって来て、ポップ・カルチャーの本質は、その表現の中にいかに他者の視線をとり込む事ができるかどうかという事だと気付いた。ポップ・ミュージック以上に、アニメーションは構造的にポップである事を宿命付けられている表現だ。その製作を進める人として鈴木敏夫以上の人材はいない。彼は、学習する事なくポップとは何かを知っている人なのだ。

鈴木敏夫は宮崎駿や高畑勲と出会えて幸福だった。そして僕達も、この三人が出会い、作品が作り続けられている時代に生きる事ができて幸福だと思う。

二〇一三年七月

渋谷陽一

風に吹かれてⅠ

スタジオジブリへの道、そして三十年（前編）

2013年6月25日　恵比寿・れんが屋にて

大矛盾

家内制手工業

――では、鈴木敏夫ヒストリーを。まず、一九四八年の八月十九日に名古屋でお生まれになっているんですけれども、おうちは既製服の製造販売業だったんですね。

「そうです。家内制手工業で。名古屋というのは繊維の町ですよね、岐阜もそうですけど。だから多くの人が繊維に携わっていたんですよ。うちの親父も、今もあるんですが、滝兵(現タキヒヨー)っていう商社に勤めていて」

――はい、大きいところですよね。

「そう、名古屋では大きいんですよ。東京にもありますけれどね。それで勤めていたところから独立して、そのタキヒヨーという会社を相手に商売を始めたんです。ジャンパーとか、あとシャツ関係とか、それこそ帝人とかそういうブランドの仕事をやっていたんですよ。自分のところがそういうものをつくっているというのは、子どものころからなんとなく分かっていました」

――そういう家内制手工業で、従業員の皆さんと一緒にわいわいやっている空気感が好きだったと、以前におっしゃってましたよね。

「夏休みとかそういう時期になると、僕らは学校に行かないじゃないですか。そうすると、従業員の人たちと一緒に昼飯を食べていました。だから、すごい人数で食べるわけですよ。それは、すごい記憶に残っています」

――いきなり飛躍しますけど、ジブリみたいですね、そういう感じって。

「うん、子どものころから周りにいっぱい人がいた、それはありますよね。あと、職場に車があるじゃないですか。その中のある運転手さんが、子どもながらに運転に興味を持った僕に教えてくれたんですよ。大した車じゃないけれど、その人に隣に座ってもらったりして覚えて、そのうちに一人で運転するようになるんですよ。小学校五年生のときですけど」

――(笑)。それ駄目ですよ。

「当時、大丈夫だったんですよ。おまわりさんがいても手を振ってくれたりしてね。そうこうしているうちに、電信柱にぶつけるという生涯初めての交通事故を起こして、親父に『二度と乗るな』っていわれて。いい時代ですよ」

――のんきですね。

「のんびりしていたんですよ、やっぱり」

——お父さんは絵がお上手で、マンガ好きだったそうですね。

「ええ。だから子どものころ、月刊の少年マンガ雑誌をよく買ってきてくれました。『おもしろブック』、『少年』、『少年画報』。それを毎月、親父も読んでいたけど、僕も読んでいました」

——『鉄腕アトム』とか、『少年ジェット』とか？

「『少年ジェット』は好きだったですね。『鉄腕アトム』はあんまり好きじゃなかったんですけどね。手塚さんを本当に好きなのは、僕らの上の世代で、僕らは、それとは違うのを好きになろうみたいなことで、杉浦茂なんていうのが出てくるんですよ。で、『未来少年コナン』を見たときに、僕はびっくりするんですよ。なんでかっていったら、そのテレビシリーズの中に杉浦茂ネタがいっぱいあったんです。それで、『この人は杉浦茂が好きに違いない』って。だから、宮さん（宮崎駿の愛称）と最初に出会ったときに、杉浦茂の話をして盛り上がったなんていうこともありました」

——お父さんとは、仲がよかったんですかね。

「そうでもないですね。やっぱり自分の親父って煙たいもんじゃないですか。それと、やっぱり親父とおふくろが仲が悪かったからかな。親父は倒すべきものだと思ってました。物心ついたときから、うちの仕事を手伝わされていたんですよ。夏になっても、冬になっても、一年を通してずっと稼ぎどきだから、働かなきゃいけなくて大変だった。その中で一番強い印象で覚えているエピソードは、僕がサボって怒るときに……メートル尺っていうのがあって、竹でできた一メートルのやつ、あれで殴るんですよ。いまだに忘れられないのは、それで顔を殴るんです。自分が子どもを持ってから分かるのですが、そういうことって普通できないでしょう。なんであの親父はそんなことができたのかな、っていう。でも、それが一つ鍛えられた原因なのかな。で、おふくろもそんな気の弱い人じゃなかったから、よく二人でけんかしてて。最初は、おふくろのことをか弱き女性だと思ってたんだけど、そうじゃないことを知るのが六年生のときで。親父がおふくろのことをいじめるから、僕はおふくろの味方になって戦うんだけれど、ある日、親父を階段から突き落としたんです。僕としてはうれしかったんですよ。『やっと勝てた』って。ところが、そこで事件が起きたんです。おふくろは当然喜ぶと思った。そうしたら親父のところに駆け寄った。それで、『大丈夫？』と聞くでしょう。そこで僕は、初めて大人の世界の複雑さを知りました」

――（笑）。

「あと、おふくろは八人きょうだいで、すぐ下の弟が……この人は銀行に勤めていたんだけれど、ある日僕に、額の傷を見せてくれたんですよ。『ここに傷がある。これは姉ちゃんにやられたものだ』と。しかも陶器の灰皿で殴られたらしくて」

――（笑）。

「要するに跡の残る傷です。そのぐらい姉ちゃんは気が強かったと。そこでおふくろに対する見方が変わるんですよ、僕の中で」

――鈴木さんとしては、お父さん子か、お母さん子かといわれれば、お母さん子ですか。

「やっぱりそうですよね。だいたい男の子ってそういうもんでしょう。挙句の果てにうちのおふくろは、僕が中学一年のときに離婚しますからね。それで、いなくなっちゃうんですよ」

――お母さんが？

「そう。でも、いろいろあって一年後ぐらいにまた再婚するんですけどね、同じ夫婦で。戸籍には、当時のそういうこと全部書いてあります。気性が激しかったんでしょうね」

――なにゆえに離婚して、なにゆえに再婚したみたいな話は、お父さんやお母さんからちゃんと聞いたことはあります？

「聞いたことないですね。でも、そのときに、大人はあんまり信用できないなっていうのを学んだというのかな。びっくりしましたよね。子どもながらに、それはよく覚えているもんな。離婚のときは、なんとなく、子どもが聞いちゃいけないことが今起きているんだな、と思ったし」

――お母さんがいない一年間っていうのは、鈴木少年にとっては不安な時期だったんじゃないんですか。

「やっぱり子どもだったから、不安定になって、悪かった成績がさらに下がるっていうことが起きました。でも、そのときにたぶん、ものを客観視するっていうことを覚えたのかな。これ、あまり人にしゃべったことないんだけれど、親父も離婚していろいろ具合が悪いでしょう。だから、おばあちゃんがよく来ていたんですね。そうすると、おばあちゃんが親父に再婚を勧めるんです。そこでためらっている親父っていうのをね、僕は見ちゃったんですよ。それで、『あのばあちゃんはずっと優しくていい人だったけど、ああいう本性なんだな』とかね。僕、寝たふりしながら全部聞いていたんですよ。勉強になりましたね。で、まあ、そうこうしているうちに再婚して。まあ、これも面白かったですよね。再婚してしばらくの間は、毎週二人で映画を見に行っちゃう。それで『仲いいな』と思ってたら、半年ぐらいたったら元の木阿弥でね。ここで僕は人生を全部知っちゃったんですね」

――(笑)。でも、なかなかドラマチックな家庭ですね。

「ドラマチックというのか、当時はよくあることだったんじゃないかな。よく分かんないけれど」

――兄妹でそういう話とかします？　「あのとき、おふくろも出ていっちゃってさ」みたいな。

「二つ違いの妹がいたけれど、三十ぐらいで病気で死んじゃったんですよ。だからその機会もなかったですね」

――じゃあ、そういう話も、お父さんやお母さんとされたことはないと。

「ないですね、一切」

――でも、鈴木少年の心の中では、大人な意識が芽生えたんですね。

「だから、大人になろうと思う間もなく大人になっていたっていうか。あと、これはいまだにはっきり覚えているんだけれど、小学校の三年生か四年生のときにおふくろが珍しく『敏ちゃん、今日は散歩に行こうか』っていって。それで歩いていったらある家の前に止まってね、表札を見ながら『この人、私のことを好きだったんだよ』と、そういうんですよ。子どもながらにびっくりするでしょう。何いい出すんだ、この人はと思って。それでおふくろが『でも、この人は頼りないと思った』と。で、どうしてお父さんと結婚したかというと、『この人は仕事もちゃんとやるだろうと。だから私はそっちのほうを選んだんだ』っていわれてね」

――はあー……それ、小学校の息子にいう話ですかね。

「だから、そういうのの影響もやっぱりあるんですよ。最終的にね、二人の間で悩んだらしいんです、どっちを選ぶかで。でも『最終的にお父さんを選んだ』というのは、『この人についていったら一生食いっぱぐれはない』という。はっきりしている人なんですよね。

合理的だし。彼女は女学校へ行ってて、その女学校（椙山《すぎやま》女学校）はオリンピックで優勝した『前畑ガンバレ！』で有名な、水泳の前畑秀子がいて、おふくろの上級生だったんです。僕の記憶が正しければ、その前畑がオリンピックに行くときに、天皇陛下が名古屋へ来て、それをお迎えするっていう役割をその女学校が担って。それで、校長先生にみんな集められてね、とにかく生き神様、陛下がおみえになるんで、注意事項としてとにかく頭を下げろと。それで、絶対に陛下を見てはいけない、見たら目がつぶれると。『で、どうしたの？』って聞いたら『見たに決まっているじゃない』っていう、そういう人なんですよ。リアリズムなんです。そういう人のそばで育ったから……もともとの素地もあったんでしょうけれど、おふくろの影響は強いんでしょうね。会社で肩書が偉くなると、すごく怒ったし」

――そうなんですか？

「そうなんですよ。うちのかみさんなんかがおふくろに、『今度こういう立場になった』っていうと、電話がかかってきて僕のことを怒るわけですよ。『会社なんていうのは働かせてなんぼだ』と。『おまえ、そんな話に乗ってうかうか一生懸命働いたら〈しまう〉』――〈しまう〉っていう名古屋の言葉があるんですけれど『体を壊しちゃう』と。『だから、仕事は適当にやれ』と。おふくろが僕に何回もいっていたのは、仕事は要領だ、間違っても頑張るな、ということでした」

――その教えをまったく守っていないですね（笑）。社長にもなってしまって。

「でも何をやってても、それが頭に残っているんですよ。あるときおふくろが本当に怒って電話してきたことがあるんですよ。何かと思ったら『おまえのところの徳間康快《やすよし》という社長をテレビで見た』と。『あれはろくな男じゃない。あんな男に、おまえがだまされていると思ったら私は許せない』って。そういう人なんです。親父が自分で商売をやっていたでしょう。で、名古屋にも商工会議所っていうのがあって、そこの会員だか何かになる。それを親父が喜んでいたときも、おふくろが怒ってね。『あれはバカだ』と。要するに会員になるっていうのはどういうことかっていったら、金を出せっていうことだと。金出して肩書だけもらって何がうれしいんだ、って怒っていたことがあるんですよ。あの人の影響は、大きいですね」

――でも、非常にすてきなお母さんですね。

「すてきなんですかね？　今も毎朝大変ですよ。毎日会って。もう九十歳なんで、みんなに迷惑かかるから早く死ななきゃ駄目だよって今朝もいったんですけど、そうするとおふくろがね、『バカ！』っていうんです。全然頭ボケていないんですよ」

――鈴木さんがジブリの社長になって、会社がそこまで大きくなって、有名になり、たくさんの映画がヒットするっていうこの状況を見て、お母さんはどうおっしゃるんですか。

「『宮崎さんという人は大丈夫か。いつまでもつんだ』って」

――（笑）。

「そういう人なの」

――すごいですね。

「そうなんです。戦争中に息子が戦場に駆り出されて、それを見送る母親が『お国のために頑張れ』なんていう映画を僕なんかもずいぶん見たけれど、嘘ですね。とにかく弾に当たらないで後ろにいろっていうのが本当のおふくろというか、庶民の知恵なんでしょうね。そういうことでは一貫していますね」

引き裂かれていた少年時代

――お父さんは邦画好きで、お母さんは洋画好きだったそうですね。

「そうなんですよ。二人の若いときの話を聞くと、恋愛時代から結婚してからも、ずっと二人で映画を見に行くっていうのがあって。レストランで食事をして映画を見るというのが、二人のデートだったらしい。僕ら子どもが大きくなってから久しぶりに、親父とおふくろが二人でデートしたご飯屋さんを家族みんなで回ったこともあるんです。ほんと映画が好きで。しかし、見る映画をめぐってはいつももめていました。おふくろは、映画っていったら豪華絢爛でなきゃ駄目。日本映画は見ない。親父は日本映画だったんですよ。『座頭市』が大好きで僕を連れていくわけですけど、おふくろは『なんで金払って、あんな貧乏くさいものを見なきゃいけないんだ』と（笑）。おふくろはいまだにビデオで映画を見たりするんですけれど、今も洋画だけなんですよ。ジブリの若い男の子と一緒によく映画を見ているんだけれど、そういうときにも『これは金がかかっている』って。要するに、映画を見るときの基準は、金がかかっているかかかっていないか。『映画は夢なんだから』って」

――すごいですね。お母さんのジブリ映画に対する評価はどうですか？

「儲かっているかどうかだけ」

――（笑）。

「客は来ているかとか。おふくろと僕は毎週日曜日、寺巡りをするんですけれど、そのときに会社の若いのを誘って連れていくときがあるんですよ、仕事のついでに。そうすると一緒に散歩してニコニコしているでしょう。でも、ちょっとそいつがいなくなると『あいつ、いい、間に合うのか？』と」

――（笑）。

「『あいつにいくら払っているんだ？』と。大変なんです」

――最高ですね。少年・鈴木敏夫にとって、お父さんやお母さんと一緒に見た映画っていうのは、原体験として大きいんですか。

「まあ、そうなんでしょうね。例えば『００７』なんて僕は全部おふくろと一緒に見たし。

で、チャンバラ映画は親父でしょう。それが僕の中では、やっぱり確固たるものとして残っていますね。そのころ見ていた映画を宮さんなんかも見ていて、だから話が合うんですけど。なんてったっておふくろはそういうわけで、見る映画は『ベン・ハー』とか『ローマ帝国の滅亡』とか『エル・シド』とかね。要するに、とにかく超大作ばっかりなんです。ところが親父のほうは、あんまりお金がかかってない映画でしょう」

——少年・鈴木敏夫は、その二つの価値観をどうやって仕分けしていたんですか？

「両方とも面白かったです。とにかく親父ともおふくろともそれぞれ映画に出掛けるから週末に二本ぐらい必ず見ているんですよ。それで、両方見て、両方とも面白いから、自分の中にはそれが確固たるものとしてありますね。で、要するに、親父もおふくろも見ていない映画というので、僕は高校生になったころ、いわゆるATG（アート・シアター・ギルド）っていうのが始まって。『尼僧ヨアンナ』かな。そういうのを見に行ったときに、衝撃ですよね。見たことのない映画だったという」

——「芸術映画っていうジャンルがあるんだ？」みたいな。

「そうするともうわけ分かんないでしょう。『8 1／2』なんかね、高校生で見て、『何なんだ、これは』っていう。で、親父が見てた日本映画とおふくろの見てた洋画は、ずっと引きずって見ていくから……大学に入ると、映研ってあるでしょう。映研は当然、芸術映画だけでしょう。やっぱりそういうところには近づかなかったですよね。大衆映画が好きだったから」

——それはもう原体験として鈴木さんの中に血となり肉となり流れているんですね。

「もう血肉化していましたね。後世、それが役に立つんですけれどね」

——鈴木さんは盛んに「勉強ができなかった」といってますが。

「本当にできなかったんですよ。六年の一学期まで4以上って取ったことないんですよ、5段階評価で」

——オール5の妹さんといつも比較されていたようですね。

「本当にそうなんですよ。もう何回『逆になればよかったのに』っていわれたか分かんないけど」

——(笑)。

「おふくろが教育ママだったんですよ。四年生のときから隣の大学生のお姉さんを家庭教師としてくっつけたりね。僕らは団塊の世代だけど、周りでそんなの誰もいなかったしね。それでなんとか勉強できるようにって。名古屋に東海中学っていう私立の名門があるんですけど、なんでか知らないけど親父もおふくろもそこに入れたいというのは一致していて。ある塾へ行くと東海中学は一〇〇パーセントなんですよ。そこは順番待ちでなかなか入れないんだけれど、五年生になってそこへ入って、個人授業を受けるんですけれど、まったく効果がないっていう。本当になかったんですよ」

──(笑)。

「それで僕、小学校六年生の一学期のときに、ワカハラ先生っていう人に『受けるのやめろ』っていわれた。これは忘れないですよ。そうこうしているうちに、引っ越すことになっちゃってね。六年の一学期が終わった直後です。それで旭丘小学校っていうとこから金城小学校っていうとこへ、六年の夏休みが始まったころに転校するんです。そうしたら引っ越したその隣にもね、大学生のお姉さんがいて勉強をみてもらうことになったんですけど、これが厳しい人で、一ヵ月間そのお姉さんに徹底的に鍛えられて。後にその彼女には『あのときの敏ちゃん怖かった』っていわれたけど、こちらだってもう怖くて。それで勉強したら六年の二学期にオール5になっちゃうんですよ。これは自分でもびっくりしました」

──妹さんがオール5だっていうDNAからしても明らかに地頭がいいわけだし、本来的にオール5のポテンシャルがありながら、なんで1と2ばかりだったかっていう、そちらのほうを自己分析してもらいたいんですけども。なんで勉強できなかったんですかね。

「何にもしなかったですよね。だって、授業なんて聞いたことないもん」

──それは何だったんですかね。

「何なんだろうな」

──いわゆるグレていたんですかね。

「そんなに。ただ、けんかはよくやったですよね。小学校のときに僕が住んでいた家の前に道路があって、そこの対面から高級住宅街なんです。その一本の道路が世界を分けていたんですよ。これはもしかしたら大きいのかなという気はしたんです。どういうことかといったら、僕の家はその道路に面しているわけだから、遊ぶのは高級住宅街の側の人だった。いまだに覚えているんだけどセイヤ君というのがいてね、そのうちはテレビはものすごく早く買うし……あと遊ぶというと当時は野球でしょう？　庭で野球ができるんですよ」

――すごいですね。

「ところが、一方、逆側は、一言でいうとあんまり豊かじゃないんですね。で、小学校になるとみんなで集まって行かなきゃいけない。集団登校なんですよ。で、僕は裏のほうと一緒に行かなきゃいけない。その通りに面していた隣近所は同じ年代の子がいなくて、初めて出会う子たちと学校へ行かなきゃいけなかったんですよ。そこで孤立っていうのを味わったのをよく覚えていますね。だって遊ぶのは前のうちの子たちなんだもん。後ろの子たちとは、口もきいたことがないのに一緒に学校へ行かなきゃいけない。これはつらかったですね」

――というと、もう自分の価値観とは違う、ワイルドライフを送っているやんちゃなガキどもと、どうも空気感合わないぞと。

「だけど小学校四年生のときに、クラスが真っ二つになって、集団でけんかしなきゃいけない状況になって、僕はなんとなく裕福じゃないほうの代表に選ばれるんですよ。それで集団で戦うっていう。よく覚えているのはね、ヨコチ先生という学校じゃ大変評判のいい先生がいて、その人はみんなからも尊敬されていた。ところがこの先生に呼び出されて、その先生に『おまえはこちらの親分か』といわれてね。なんか答えるのも嫌だったのを覚えていますね。要するに小学校四年生でありながら、この人、評判はいいけどそれほどじゃないな、とかね。だって明らかに差別するんだもん。豊かなほうを優遇するわけですよ」

――でも、鈴木さん的にはワーキングクラス仲間に違和感も覚えていて。

「そうなんですよ。大矛盾なんですよ」

――違和感を覚えながらもそのボスをやるわけですね。

「そうなんですよ。複雑だったんです」

――ボスになるっていうことは、みんながボスだと認めてくれなきゃなれないわけで。

「そうなんですよ」

――ということは、みんなからの支持はあったわけじゃないですか。

「ついでにいっちゃうと、豊かなところは徳川町っていうんです。でも、徳川町の向こう側もまた貧しいんですよ。僕は、その徳川町の向こう側の子たちとも仲良くなるんですよ。

それで当時、なんてったって月光仮面でしょう」

——ええ。

「そうすると豊かな子たちは、月光仮面のいろんなものを持っているでしょう」

——うん。

「貧しいほうの子たちは、買えないんですよ。で、僕は絵が描けたでしょう。それで、あるときにどうやって手に入れたか忘れたけど、月光仮面のリアルな絵を手に入れて、それを僕は大量に描きまくって、その子たちにあげるっていう。そのうちへ行ってみたら本当に貧しいんですよね。もちろん個室なんてない。机のかわりにミカン箱みたいなのが置いてあって、僕の描いた絵が飾ってあるんですよ。これには子どもながらに胸が痛んだ。小学校三年生ぐらいですかね」

——大人な子どもにならざるを得なかったんですね。

「ならざるを得なかった」

——鈴木さんのおうちは仕事をやっているわけだから、それなりに経済的にはよかったんじゃないですか？

「あとで考えるとそうなんですよ。そこらへんは矛盾ですね。だから、その東海中学に行くってなったときに、これは、僕の中で複雑なものが走ったですよね。だって行くのは徳川町の子たちでしょう。僕の住んでた側の町と、あと徳川町の向こう側からは、誰も東海中学に行く人はいないんですよ。結局、引っ越して金城小学校というところへ行って東海中学を受けたんですけれど、受かったときに自分の中に裏切り感があったんです。それは本当ですね。子どもながらにそういうことを思いましたね」

——だから鈴木さん自身はどう思っていたのかはよく分からないんですけども、今のお話を聞くと、勉強のできる自分にはなりたくなかったんじゃないですかね。

「かもしれないですね」

——自分はワーキングクラスの仲間と一緒にいて、そこでは自分は異邦人であると子ども心に思いながらも、その子たちはきっとみんな勉強できなかったと思うんで。その仲間だ俺は、みたいな。

「そうですね」

——普通にやればできたと思うんですよ、本当にポテンシャルはあったんだけども。

「だから、引き裂かれていましたね」

——封印していたんだと思うんですね、自分の勉強能力を。

「でもまあ、できないと本当に思っていたしな、あのころは」

——だから結構、複雑な子どもでしたね。

「複雑でしたね。自分でもみんなのようになれないなっていうのは思ってた。豊かな子たちにもなれないし、だからといって逆側にもなれない。それは自分の中で、アンビバレントで、子どもながらになんとなく分かっていましたよ。だから、中学へ入るとこれは自覚的に勉強しないんです。なんか勉強するの嫌なんですよ。厳しい学校だったから、中学に入った途端、成績が発表されるでしょう。そうするとひどい成績なんですよ。もう最後から数えて十人ぐらいっていうね」

――（笑）。

楽しい最悪のクラスから慶應へ

「ところが二年生になって突然、勉強しちゃうんですよ。それですごくいい成績になるんですよ。で、二年生が終わったとき、先生に呼び出されて取り囲まれてね……五百四十人ぐらいの中で四百何十番上がったから、これは学校始まって以来であると、なんで上がったかをいえっていわれてね。なんでか知らないけれど僕、理由をいわなかったんですよ。いえなかったのかな、分かんないけれど」

――鈴木さんの中で、勉強のできる自分と勉強のできない自分というか、勉強をしない自分のどっちを選ぶかっていう選択は、いつも迫られていたわけなんですけれども。

「そうなんですよ」

――それ、自覚的ではなかったんですか？

「ある種自覚的なんですね。それで中学二年が終わったときに個人面談があって。先生に

『もうこれで名古屋大学は大丈夫だ』といわれてね。また嫌になっちゃって、そこからまた勉強をやめるんですよ」

――へえ。

「嫌だったですね」

――勉強のできる自分でいることは嫌なんですか。

「なんか嫌だったんですよ。それで、そこから見事に百番ずつ下がっていくんですよ」

――へえ。

「で、中高一貫教育だったから、高校三年になったら七百四十人で、六百八十番ぐらいまで落っこちるっていうね。そうしたらね、そういうものが回り巡るっていうのかうちの娘がまったく同じことをやっているんですよ」

――(笑)。

「もうできたりできなかったり大変だったんですよ」

――鈴木さん的には成績が上がることはうれしい反面、嫌なものだったんですか?

「いや、中学二年のとき、分かったんですよ。やればできる、やらなきゃできないって。そういうことを覚えたんですよ、子どもながらに」

――自分は頭が悪いわけではないっていうのも分かったわけですか。

「まあ、みんながそうやっていってくれるじゃないですか、子どものころって」

――おまえは本当は頭いいんだよって。

「そう。みんながそういってくれても、最初のうちは信じなかったけど、もしかしたらそうなのかなって」

――小学校低学年のころは信じていなかった。俺はそんなことといったって、もともと勉強なんかできねえんだよと思っていた？

「やっぱり、塾の最初の先生がね、それを連発したんですよ。この子は本当は頭がいいんだって。でも、そのときは信じていなかったんです。ところが、転校してオール5を取ったときに、『あれ？　やっぱりほんとはできるんだな』って子どもながらに思って。それでね、あとで考えると、転校する前の旭丘小学校っていうのはちょっと特殊だったんですよ。というのは、クラスの中に二つの派があったっていったけれど」

――階層社会があったわけですね。

「もう一つ。越境してきていたんですよ、みんな」

――ああ、それぐらいいい学校だった？

「その人数がすごいんですよ。僕は知らなかったんだけど、そこって東海中学に行く『専門』小学校だったんです。それが、たまさか自分の学区内にあった学校だったんですよ」

――ああ。すごく勉強できるやつばっかりなんだ。

「そう。でも皮肉なことが起きたんですよ、そのワカハラ先生っていう僕に『受けるのやめろ』っていった人のクラスは、たぶん五十五名とかそのぐらいだけれど、そのうち二十五人だか三十人、東海中学を受けて全員が落ちるっていう事件が起きたんですよ」

——ほお。

「僕が転校した金城小学校から東海中学を受験した人って三人しかいないんですよ。でも旭丘小学校はね、そういうわけで何百人か受けるわけだから、そうしたらやっぱりいろんなことが分かりますよね。そういうこともありましたね」

——中学に入って勉強しなくなって、あるいは勉強するようになってっていうジェットコースターを繰り返しているときに、鈴木さん的には、自分の中の人生をどう選ぼうか。勉強のできる人の人生を選ぶのか、勉強できない人の人生を選ぶのか、あるいは、自分はそれこそ名古屋大学に行くのか、それとも高卒で別の人生を歩むのかみたいなことは考えていたんですか。それとも何も考えてなかったんですか？

「まあ、進学校だったんでとにかく大学行かなきゃいけない。それで僕はあんまり自分のプランを考えるのは得意じゃなかったんだけれど、ある日親父が『慶應に行ってくれ』っていったんですよ。なんでかといったらね、（自分の勤めていた）タキヒヨーの社長は慶應出身だと」

——ほお。

「それで、親父がそこまでいうのも珍しいから、それはちょっとやろうかなって考えたんですよ」

――それは何か、鈴木さんのスイッチを押したんですね。

「そうですね。だから、ちゃんとやることはやってあげると親父も喜ぶかなと思って。何でもいいから慶應へ入ればいいかなと思ったんですよ。それと東京は行ってみたかった。なんとなく、名古屋にいるのが嫌だったし」

――なんで名古屋にいるのが嫌だったんでしょう。

「なんか遠くへ行きたかったですね。それは生理的なもんですね。東京へ行くと面白いことがあるんじゃないかなと思って。それで大学へ入るでしょう。東海高校から慶應にいった人って一学年で百人ぐらいいたんですよ。そうすると学校へ行けば誰かに会うんです。それで挙句の果てに、四月にもう同級会なんですよ。嫌なんですよね。せっかく東京へ来ているのに、なんでまた名古屋の同級生と会ってんだ、って。で、僕、その仲間に加わらないんですよ。結局、卒業のときその百人のうち九十五人は、名古屋に帰ったんですよ。残ったのは五人ぐらい。嫌だったんですね。せっかく東京に来たんだから、新しい人と付き合いたいって」

――というかまあ、理由は明快ですよね。鈴木さんって名古屋時代が嫌なんですね。

「やっぱりそうなんですね。嫌だったんですね」

――だから、今のお話をうかがっていると、高校までは、鈴木敏夫になろうとしてなれない悪戦苦闘の人生なんですね。

「いや、でも高校三年は本当に楽しかった。一学年七百四十名いて、一クラスが六十三人ぐらいなんですけど、進学高だからいろんなことをやるんですよ。まず勉強のできるのとできないのを大きく二つに分けようとかね。で、高三になると私大文系コースっていうのができて、三クラスあるんだけれど、一クラス最悪のクラスをつくるんですよ。要するに、学校中で駄目なやつを全部集める。僕はそこに入れられたんですよ。それで、ね、そうしたら留年生が二十何人いるんです。最高二十四歳だったんですよ」

——(笑)。すごいですね。

「要するに学校の恥みたいなのをみんな集めたんですよ。それで、そのクラスへ入ってみたら本当にひどいクラスでね。もう毎日が楽しくてしようがない。だって向こうの教室へ行くと休み時間になってもみんな勉強しているでしょう。僕のクラスだけが暴れまくっているんですね。文化祭のときのことを僕は生涯忘れないんだけれど、机が腰掛けと一緒になっているやつを、最後に全部燃やしちゃうんですよ。すごかったんですよ。あと驚いたのは、中間考査の英語のテスト。試験が終わった途端ね、柔道部の、全国大会で個人戦で優勢負けで第二位だった、いつ優勝してもおかしくないっていうやつがいきなり僕のとこへ来て『鈴木、悪い。答案替えろ。卒業できねえんだ』っていう。パッと見たらもうそいつがね、僕の答案の名前を書き替えているんですよ。それでそいつの答案には、答えなんか何も書いていなくて、もう鈴木敏夫って書いてあるんです。それで僕あせって、どうしようと思って。試験は一日二教科あったので、次の試験のときにこれは対応策を考えなきゃと思って。僕の学校では、五〇分の試験時間で三〇分たったら、教室の外へ出ていいというルールがあったんです。次はなんのテストだったか忘れたけれど、僕は、自分の試験答案を書いて、一番にそれを出す。そして、勉強のためと称して余っている答案用紙をもらって外へ出る。すぐまた同じ答えを書く。そのときに筆跡を変えたんですよ」

――すごい！

「で、五〇分たつと答案を集めるでしょう。まあ、少しずつ教室の外へ出てくるやつもいるけど、ほとんど出てこなかったから、表で全部答えを書いて、みんなが集めるとき、そいつにパッと渡す。というのを全教科一年間やったんです。鍛えられた」

――そいつは、逆らうと首絞めるみたいな人なんですか。

「いや。優しいやつなんです。だから、かわいそうだと思ったんですね、卒業できないっていわれたのが。それで不思議なことにね、そいつが誰だったかいまだによく思い出せないんですよ。みんなが『あいつだよ』、『あいつだよ』っていうんだけれど、全然記憶から消えているんです。ただ、もう必死でしたね、その答案書くのは」

――というか、ものすごく勉強できたんですね、鈴木さん。

「いや、そのクラスでは一番だけれど、学校中でいったら本当にひどいんですよ」

——でも慶應へ入ったんだから。

「いやそれはね、ちょっと考えたんですよ。僕、高校三年になっても全然勉強しなくて。要するに中学二年のときに百番だったやつが、二百番になり、三百番になり、四百番になり、五百番になり、もう六百番まで来ているわけですよ。そうすると、もうこの先がね。で、四月が始まっても勉強する気になれずに、まだ遊んでいるし、エレキギターなんかやっちゃったりしてね。うちの親父から夏の終わりぐらいに『諦めた』っていわれてね。だってテケテケテケテケとかやっているわけでしょう。でも九月になって初めて少しなんかやろうかなって考えたんですよ。それで、どうしたらいいかなと思ってね。なんとなく知っていたんですよ、本屋さんに行けば最近五年間の試験の傾向っていうのがあるって。なんとなく慶應の文学部だったらなんとかなるかなと思っていたんで、それを買ってみたんですよ。そしたら気になったんです。この前はどうなっていたかなって。で、名古屋の鶴舞公園に古本屋街があるのを知っていたから、そこへ出掛けて古いやつを探したんですよ。そうしたら、全部で十五年分見つかって。それを買ってきて、その日からそれだけ全部覚えました。参考までにいいますと、試験問題はそこからしか出なかった」

——すごいですね。

「僕、試験の答案、ほとんど百点ですね。英語も国語も日本史も。僕ね、受験番号、忘れちゃったけど確か百何番なんですよ。合格者の番号を見に行ったら二番目なんだもん。僕の前に百何人落っこちているんだもん。でもやったの、それだけ。あとはなんにもやらない。一日一時間ぐらいしか勉強しなかった。でも、その十五年分の過去問を徹底的に洗い直す、これ以外の問題が出たらおしまいって考えたんですよ」

――丁半ばくちみたいなもんですね。

「で、もう一個ぐらい受かるところをつくっておこうかなと思って、次にやったのは、この慶應の文学部の試験問題に似たテストをやっているとこはないかなって考えたんですよ。それで、本屋さんへ行って徹底的に調べた結果、分かったんですよ。青山学院大学が同じ問題なんです。ここも受けようと」

――で、二つ受かったと。

「はい。早稲田は最初から諦めました。だって絶対に受からないもん、自信があるんだもん」

――本当に頭がよかったんですね。

「何がいいんだか」

――だって慶應と同じような問題を出すところはどこだって探すその能力、普通はありませんよ。ものすごく性能のいい検索エンジンみたいなもんですよ。

「少ない努力で大きな成果を出すっていうことをそのとき覚えたんですよ」

――でも、やっぱり本当に地頭がよかったからできることであって、じゃあそのノウハウがあるから、それをそのままやろうかといってもできないですよ。一番興味深いのは、とにかく東京に出たいと思ったっていうのと、お父さんに慶應に行けといわれてそれはそうしようと思ったという、その二つですね。鈴木家の歴史を見ると、お父さんは自分で起業するんだけど、自分の勤めていた会社（タキヒヨー）と取り引きする。それを鈴木さんは見ていたんだと思うんですね。そこで鈴木さんは何かを考えたっていうのが一つ。それからもう一つは、ずっとお話をうかがってあまりにも面白かったんですけれど、切り裂かれた少年時代を延々と過ごしている。

「続いているんですよ」

――それをずっと。

「引きずっているんですよ。順番としてはね、親父はタキヒヨーに勤めていて、そこから独立して商売をやっていたんだけれど、うちの親父も冷静だったんです。なんで冷静かといったらね、僕が大学のときに『おまえ、継ぐか』っていってきたんですよ。僕が黙っていると『継がなくていい』といわれたんですよ。『こういう零細企業は大変だ』って。だからサラリーマンになれ、そのほうが楽だぞといわれてね。それは印象に残っていますね」

――そうした意味でお父さんは「タキヒヨーの社長は、慶應出身なんだよ」っていったという。鈴木さん的には、親父にそういう思いがあるんだったら、敵討《かたきう》ちというほどの大げさなものではないけれども、その親父の夢をある程度実現するというのも、自分の役割かなと。

「そうです。そこまで育ててもらった義理を果たすというのか。そうやって考えましたね、子どもながらに。大学を卒業するころ、親父が今度、またいってきたんですよ。『トヨタに入れ』って」

——（笑）。

「実はうちの親戚、トヨタだらけなんですよ。それで嫌だったんですよ」

——鈴木さんは、もう父親への恩は返したぞと。

「そう。慶應で義理は果たしたと」

——という思いと、やっぱり自分の少年時代に対しての何か割り切れなさというか、自分は何だったんだろうと。

「そうですね」

——本当の鈴木敏夫は何なんだろうっていう思いがすごくあったんで、それをもういっぺん自分の人生を獲得するためには、名古屋にいちゃ駄目だぞっていう。

「そうそう」

——という思いがあったんですね。

「自分が見つからないっていうやつですね。自分が自分になれないっていうか」

——という強い思いがあって、だったら俺は東京へ行くぞと。

「そうそう。もうほんと名古屋は嫌だった。だから、自分で決めたんですね。名古屋はドラゴンズだけにしようって」

——(笑)。

「だから東京へ行ってすぐ何をやったかといったら、『東京中日スポーツ』だけはすぐ取ったんですよ。最初は『朝日新聞』でしたけれど、途中から中日新聞系列の『東京新聞』にもしたりして。でも、名古屋は嫌だったですね」

——そこには、やっぱり自分がいないんですね。

「そう。一切付き合わなかったです、高校の友達とは。高校時代は本当は面白かったんですけどね。パチンコを覚えたのも高校のときだったし」

学生運動の嵐に巻き込まれて

——じゃあ、慶應に受かって大学に出てきたら、すごい楽しかったんじゃないですか。解放感むちゃくちゃあって。

「いや。むちゃくちゃ楽しかったですよ。同時にもう一つ思ったのが、大学のほうがレベルが低いなと思ったんです」

——(笑)。慶應大生、怒りますよ。

「いやいや。これ、言い方が難しいんですけれどね、高校のときは頭のいいのがいっぱいいたんです。変な漢文で遺書を書いて自殺しちゃうやつとか、中学三年のときからサルトルについて話すやつとかね、いろんなのがいたんですよ」

――それはみんな名古屋大学とか、東京大学に行っちゃうわけですか。

「みんな行っちゃったですね。変ないい方だけれど、大学入ったときに『あれ？』と思ったんですね。『ここ、楽だな』って。変ないい方だけれど、ここなら俺もやれるかもしれないってことは思ったですね。このとき出会って、いまだに付き合っている五人の仲間がいるんですけれど、その五人と知り合う一方で、なんでか知らないけれど、加賀谷君というのが僕のとこへ来てね――慶應って、キャンパスが、日吉と三田に分かれていて、文学部は一年生だけで日吉の自治会を組織するんですよ。いまだに覚えているんだけど、そいつが僕のところへ来てね、委員長になりたいっていうんですよ。で、手伝ってくれないかっていわれて、それで僕、なんだか知らないけど、それを引き受けるんですよね。各クラスから二人ずつ委員が選ばれて、その投票によって委員長が決まるというものだったから、そんなに難しいことじゃない。それでなりたいっていうから、じゃあ手伝おうかなと思って。選挙請負人みたいなもんですよね。それで一人一人のクラス委員を当たっていってね、それでみんなの確約も得たんで、これならなれるかなと。で、選挙をやってみたら、当選したんですよ」

――だから、まず知りたいのは、なぜその人は鈴木敏夫を選んだのかっていう。「こいつ、絶対に参謀に向いている」と思ったんでしょうけど、それ、すごいですよね。

「本当に分かんないんですよ。なんでか知らないけれど、なんか近寄ってきてね、『手伝ってくれ』っていわれて政治的には自分の中に何もなかったんですけど、こいつを委員長にするっていうのは面白いかなと思ってね、それを手伝うんですよ」

――いきなり鈴木敏夫が現れるんですけど、大学に入った途端。

「入った途端なんですよ」

――いきなりジブリの社長が現れちゃうんですね。

「で、見事、委員長になるでしょう。そうしたら、その下の局長たちを選ばなきゃいけないんですよ。それは、選ばれた委員長に権限があるんです。それで、『おまえも手伝ってくれないか』っていわれて、『何するの』といったら、『広報局長っていうのをやってほしい』といわれて」

――その人、すごいですね。鈴木敏夫の本質を見抜いたんだ。

「分かんないんですよ、いまだに。だって、その一年間付き合って、それきりだから。それで僕、自治会の部屋へ行ってみたら、汚いんですよ。六月ぐらいだったと思うけれど、ゴールデンウィークが終わったあと、みんなに話して、まずここをきれいにしようと。それで全部掃除してね、壁紙貼ったりしてね。そうしたら、きれいにしたその日の夜に、そこでリンチ事件が起きちゃうんですよ。中核だったですけれどね。せっかくきれいにした壁とかが、全部血だらけになっちゃってね。あれは嫌な思い出ですけれど、よく覚えていますね」

——そういう政治の季節ですよね。

「そうなんですよ。はしりですね、一九六七年だから」

——加賀谷さんというのは？

「構造改革派でしたね」

——要するに各党派で党派闘争をやって、今、構造改革といったら小泉純一郎かと思う人がいるかもしれないですけれど。

「フロントですよ」

——そう。いわゆる構改派といわれる新左翼の党派の中の一つなんですけれども。だから、彼はそういう組織に属している、非常に政治的な人種だったわけですよね。

「そうですね。今、考えると」

——鈴木さんはそうじゃなかったわけですね。

「全然違う。なんの関係もないですよ」

——ただ、巻き込まれていくわけですね。

「そう、巻き込まれ型なんですよ、僕。それで、そうこうしているうちにね、ネタが欲しかったんでしょうね、学食のカレーライス四十五円が六十円になるっていうんで、これが全学の闘争のテーマになっちゃった（笑）。今考えると、びっくりします」

――のどかですね。

「それで立て看板なんですよ。そうすると、初めて見よう見まねで……僕、字を書くのが好きだから。立て看らしくないとかいわれながら一生懸命書いたりして」

――でもノンポリ気分でちょっと関わりましたっていうような時代じゃないですよね、あの時代は。

「でも、まだ始まりですけどね。本格的になるのは、やっぱり秋の羽田ですよ」

――その中に巻き込まれていって、主要なスタッフを担っていたころの鈴木さんの気持ちは、どういうものだったんですか。

「僕は、ある種、夢中というか……本格的にはやっぱり二年生になって三田へ行ってからですね。慶應って一年生のときは一般教養で、二年生になってからいろんな科に分かれるんですよ。僕は社会学科というところへ行くんですけれど、そこらへんから世間が、そんなカレーライスがうんぬんじゃなくなって、米軍資金導入反対闘争なんていうのが始まって、それでいろんなことが起きてくるんです。僕は二年生だったんですけれどね、そうしたら社会学会という社会学科の自治会の――これはどういういきさつでそうなったのか、自分の記憶の中でまったく欠落しているんですけれど――委員長に推されちゃうんですね。

僕、政治的にはノンポリなのに。その米軍資金導入反対闘争というので、慶應のいろんなところで騒ぎ始めたんだけれど、そのときちょっと思い付いたんですよ。これ、今、考えると本当に若気の至りなんですけれどね、学校中で一番最初に自分たちのクラスでストライキをやろうとか、なんて。そうすると学校へ行かなくてすむからって。で、成功するんですよ。僕たちのクラスが学校中で最初にストライキに入って、それが波及して全学ストになっちゃうんですけれどね。本当に、僕は政治的にはノンポリだったんですけど『人生劇場』を読むと大隈重信の銅像をめぐる学生運動とかが描いてあって、これは、ある種の鬱憤晴らしなんですね。そういうことをやってもいいんだって、自分たちで納得するものがあったんでしょうね。それで、いわゆる学生運動の嵐の中に巻き込まれていく。まさに巻き込まれですよ」

――僕らはその全共闘運動を担っていた鈴木さんたちの下の世代で、高校で石を投げていて、大学に入ったらもっと投げるんだと思ったら、いきなり終わっちゃっていて。それで方向性を失っちゃった世代なんですけれども。でもあの当時ってそれに人生を懸ける、命を懸けるっていう超リアルな政治の季節だったわけで。その真っ只中に鈴木さんはいて、やっぱり逃げた人たちもたくさんいるわけで。でも、鈴木さんは逃げなかったわけですけど。だから、マルクス主義に共感はしていなかったけれども、きっと反権力的な意識はあって。

「あったんですね。と同時に、本当に世の中変わるのかなとかね、そういう期待みたいなものはありましたね」

――ねえ。鈴木さんは面白くお話ししてくださっていますけど、半端な気持ちじゃやれない状況、今の人たちには分からないけれども、このまま進めば大学にもいられないかなとか、就職もできないかなとか。今おっしゃったように、下手すりゃ周りで死んでいく人もあったし。

「いや、もう周りは大変でしたよ。どっかへ行っちゃってそのまま帰ってこない人とかね。そういうのにも実際誘われるしね。そして、僕はこのころ、ビラをいっぱい描かなきゃいけなかったわけですよ。それね、いまだに僕、持っているんですよ。その記憶が残ってて、この間の『コクリコ坂から』のときにこのビラが役に立つんですけれどね。このころ、自己否定っていう言葉が出てくるんですよ」

――はい、当時はそうですね。

「これがやっぱり印象に残ったというのかね、何だろうということを考えざるを得なかった。要するに、これは後付けなんだけれど、今考えると自己批判までは分かるけれど、否定って何なんだ？　という。それから、要するに組織化しなきゃいけないから、みんなでどっかに集まらなきゃいけないでしょう。それでやっていくうちに、当時……慶應はそういう人たちの集合場所が五反田の旅館だったんですけれどね。そこへ行くと、そういう専門家みたいな人がいっぱいいるでしょう。そうすると、どこそこへ入らないかとか、いろいろなお誘いも来たんだけれど、そこで見ちゃうんですよ。非常にシステマティックに運動が組織化されていて、指導しているやつがいるんですよ。それが、三十幾つなんですね。そうすると、学生運動じゃないですよ。あれはショックでしたね。なんで、こんな年寄りがこんなことをやっているんだって。要するに、学生運動のプロなんですね。そういう人たちが指導していることに対して、非常に大きな疑問を持った。それはありましたね」

居場所がないぞ

――だから、鈴木さんとしては、自分はすごくナイーブな反権力意識をもって、既存の権力に対する闘争という、そういうある意味ピュアな運動をやっていたのに、運動が継続していくためには組織が必要になる、それはどうなのだろうか？　と。慶應の連中を集めて組織論なんかを学ぼうとなると、いわゆる左翼のプロみたいな人たちが現れる。それは、もはやナイーブでもないし。

「全然違いますね。そういう組織の中に正式なメンバーの一人としての誘いが来るんですよ、各派から」

――鈴木さんのオーガナイザーとしての能力、あるいは今爆発しているいわゆる広報マンとしての資質みたいなものにみんな目を付けたわけですね。ただ鈴木さんはそこにあんまり自分の本来的な役目を見ないというか、俺は確かに世の中に対して「NO」もいいたいけど、でも、この人たちのやり方とはどうも違うみたいだぞって。

「違和感を覚えましたね」

——そこに巻き込まれていくのは俺の人生じゃねえぞ、という。またもや、ここじゃない自分っていうのと向き合うわけですね。

「そうなんですよ。だからね、僕、実をいうと二年ぐらいその委員長っていうのをやるんですけれどね、最後に、社会学会そのものをなくしちゃうんですよ。『俺をもってここはもうなしだ』と。で、次の世代はなしっていったら、その後、二十年ぐらいたってからかな、社会学の現役の学生が僕のところに会いにきたことがあるんです。なんでかっていったら『鈴木さんで途切れている』と。そのときに何があったのかっていう」

——だから、そこで鈴木さんは、まさに問われたわけですよね、自己否定的なものも全部含めて。「鈴木、じゃあおまえは何なんだよ?」と。「本当に正しい未来を俺たちと一緒につくらないと転向だ」みたいなことを、必ずこの構造の中でいわれるわけですよね。それにみんな負けちゃうわけですよ。ここで逃げていくのはやっぱりいけないんだと思って、本意ではなくても巻き込まれる。

「最後の会報誌っていうのがあるんですよ。それに自分が書いた文章を、あるときに読んでみてね。『へえ、俺こんなこと考えていたんだ』って、ちょっと分かったことがあるんです。その騒ぎのさなか、みんなが威勢のいいことをいっているときにね、二者択一っていうのは何なんだっていうことを書いているんですよ、僕。そんなことを書いていましたね。二者択一みたいに本来、はっきり分かれているものじゃないっていう、その側面をやっぱり自分で自覚的に思ったんでしょうね。うん」

——だから、AかBかっていう選択の中だけで、政治の論理だけで進んでいってもしょうがないだろうと。

「そうです。そこには未来はないみたいなことを書いているんですよ」

——それは、今考えるとすごくもっともな話ですけれども、当時はいえない話だったんですよね。

「そうなんです。それを平気で書いているんですよ」

——それをいったら、もう下手すりゃ袋だたきだし。

「そう。四十九対五十一でも、その五十一を正しいといわなきゃいけない。これが二者択一の本質だろうみたいなことを書いているんですよ。もう一つ大きかったのは、やっぱり、デモと称して、山手線とか地下鉄にチケットなしで乗り込んだり、街で平気で投石その他をして、大混乱に陥れるわけでしょう。そうすると、あれはいったい何なのかなって、自分が当事者としてそこにいながら、そういうものがつきまとったんですよ」

——そこで政治のロジックとは別のところにいるっていうのは、かなりきつくないですか。

「きつかったですね」

――よっぽど自分に自信がないと。

「だから、安田講堂なんかも行きましたけどね。当時の東大はよかったですね。ここは大学らしいなと思ってね。成田とかね、外へ出ていかなきゃいけないわけでしょう。そこらへんから自分が自分で仕切ることができない、そういう領域へ自分が足を踏み出すっていうことに関しては、やっぱり抵抗がありましたね。うん」

――でも、よくそこで自分のロジック、自分の世界観を貫き通せましたね。

「怖かったのかもしれないですね。だから、自分の分からないことで巻き込まれていくのは嫌だったですね。やっぱり分かっている範囲でやりたかった。たぶん、そういうことじゃないんですかね」

――怖かったっていうこともいえないぐらい怖かったんでしょうけれども。

「そうですね」

――でも、やっぱり鈴木さんは「俺は怖いから」っていう、そこを選べたというのは相当強いですよね。

「いや。その一方で、先頭に立っていた連中が、もう四年生になると、そそくさとね」

――就職しちゃうんだ。

「これはショックでしたね。それで、だいたい先頭に立っていたやつが一番いいとこへ行くんですよ。これは疑問だった。こちらは留年しちゃうしね。そういうのをずいぶん見ましたよ。うん」

――でも、ピュアなまんまどこまでも突き進んで、死んじゃった人たちもたくさんいるわけですよね。

「そうですね。クアラルンプールだの、そこから帰ってこなかった人たちもいるし、新聞に載った人もいるし。そのエスカレートぶりっていうのは、見ていて『俺にはできない』って。その一点ですよ。だから、そういう人たちの日常を知っていたわけでしょう。そういう人たちには、カアッとしちゃうっていう特徴がやっぱりあるんですけど、僕はそういうタイプじゃなかったから。だから、いまだに自分の中で整理できないですけどね。だから村上春樹の『ノルウェイの森』を読んだときは、ものすごい違和感があったんですよ。『全然違うよな、これ』って思って。同じぐらいの年齢だけれど」

――その中で、鈴木さんとしてはそこにはいられない。でも、俺のいる場所はどこなんだろう、でも、ないぞと。

「ない」

――さあ、どうする。

「そうなんですよ」

実人生を降りるな

「いやあ、徳間書店はよかった。うん」

——時はたち、就職の季節はやってくる。

「そうなんですよ。その就職の季節に、いったい自分で何をしていこうかなって真面目に考えたら何もないんですよ。本当になかった。もともとモラトリアムな傾向もあったし、やりたいことなんて、基本的にはなかったけれど、それを問われる世代だから。それと、時代が大きかったんでしょうけど、僕がいまだに忘れられないのは、一九六七年の三田祭のテーマってね、『人類の幸せ』っていうやつなんですよ。びっくりしますよね、今考えると。そこに個人はどこにもないんですよ。それが、その数年間のうち、またたく間に個人のほうへ来るわけでしょう。あの時代の変化は、その渦中にいながらすごい、こうやって世の中は動くんだなって感じましたね」

——就職の展望はまったくなかったですか。

「まったくなかった。だから、どこを受けようかですね。気が付いたらクラスで就職決まっていないのは三人だけになっちゃってね。受ける気がしないいんですよ。就職先がないものだから、というか就職したくないもんだから。そうしたら担当の教授がね、当時、そういう人は少なかったと思うんですけれど、大学院へ来ないかと誘ってくれたんですよ。横山先生っていったんだけれど。それで、実をいうと、僕はすっかりその気になるんですよ。そうしたら、大島寛士という僕の友達に『おまえは実人生を降りるのか？』っていわれたんですよ。大学院に行ったら、その先は教育か研究、まあ教育だろうと。それは実社会ではない、実人生ではないんだと。もう一ついうとね、『普通にしゃべって通じることを理屈にする商売だぞ』っていわれたんですよ。それをいわれたときね、僕はガーンと来たんですよ。『おまえ、ちゃんと実人生に行ったほうがいい』っていわれた。それで、就職することに決めるんです。やっぱりその大島寛士って、僕にとっては大きかったのかな。実をいうと、僕は教職課程も取っていたんですね。全部整っていて、あとは申請書さえ出せば教員免許をもらえたんですけど、その彼の一言で、もらいにいかなかったんですよ」

――「実人生を降りるな」って、実にいい言葉ですね。

「うん。それで、やっとのことで重い腰を上げて、なんでか知らないけど最初から業界誌の記者がいいかなと思ったんですよ。そこだったら気楽にできる。業界誌の記者って正規には募集していないんですよ。それで当時の職業安定所へ行ってみましたね、僕」

――今のハローワークですね。

「そうです。そしたら腐るほどあるんですよ、求人が。そこで、『ああ、いざとなったらここへ来りゃいいんだ』っていうのが分かったんで、あとは気楽ですよ。そうしたら、受けてみないかっていわれたのが産経で。『夕刊フジ』ですね。アルバイトに行っていた子ども調査研究所の高山英男さんが、『鈴木君、書くのうまいんだから、そういうところ行ったら』って。それで『ちょっと紹介するから』って、受けてみたんですけれど、最終面接で、もめちゃったんですよ。『スポーツニッポン』もそうだし。狩野近雄という有名な方がいて、僕は『文藝春秋』でその人の文章を読んだりしていたんで、『へえ』なんて思って、だけど、実際に見ると聞くとじゃ大違いで、書くものは立派だけれど、態度はひどい男だなと思って」

――社長のことを怒ってしまったという面接ですよね。

「そうですね」

――そんな受験生いませんよ（笑）。

「うん。お腹が出ているからと、ズボンのホックをはずしていた社長に、『失礼だ』っていっちゃったんですよ。で、まあ寝転がってどうしようかなと思っていたある日にね、『朝日新聞』かなんかで、徳間書店の社員募集があったんですよ。あの広告を見たのが何かの縁ですね。それで受ける気になって、行ってみたっていう」

──でも、もし徳間書店に入らなくても、今の鈴木敏夫は絶対いると僕は思いますけれども。

「いや、だけど、僕は本当ね、業界誌の記者。これが一番気分に合っていましたね」

──だから、要するに行き場所がなかったんですよね、鈴木さん。

「そうです。まったくなかった」

──だから、就職して、いわゆる大きな組織に入るっていうわけでもないし、フリーで生きていくっていうのも違うし……きっと鈴木さんは、政治活動をさっきおっしゃったようなかたちで終えたっていうのが、かなりのトラウマになっていると思うし。

「ありますね」

──自分の選択が正しいと思いながらも、方向性を見失っちゃったわけですよね。

「それこそメディアに行った人がいっぱいいるんですよ。朝日だ、読売だって。それ、みんな運動の先頭に立っていたやつでね、よくあんなに切り替えることができるな、って。ある種うらやましいというのか、尊敬というのか、自分にはできないと思った。先輩の中にちょっと尊敬できる人がいたんですけど、その人も読売なんかに入っちゃったりして、ショックでしたね。その変わり身の早さが」

──「あんたたち、そういう権力と戦っていたんじゃないの？」って。

「そうそう。だから本当に、そういう意味じゃ幼かったんですよ。整理できないんだもん。

だから、もう厭世気分っていうのか。どっかに真面目に入って、そこで頑張ろうなんていう気はさらさらないし、面接も、もうむちゃくちゃですね。だって忘れもしないのは、産経新聞のときにね、これがほとんど最終面接だって事前に教えられたんですよ。『今日はもう全員受かる人だから』って。それで、その最終面接に行ったんですけれどね。産経新聞っていうのがなんでよかったかといったら、端っこのほうにある新聞だなと思っていた。それで行く気になったんだけれど、非常に和気あいあいとして、一次面接もすごくよかったんですよ。将来の日本経済はどうなるかというんで、僕はテレビで見た『夫婦善哉』に出てきた、コーラの瓶を集めて運送業を始めたというお兄さんの話を出して、こういう人たちがいる限り日本は大丈夫じゃないかと作文に書いたら、これがずいぶん受けてね。それはいいんですけれど、最後の最後に一個だけ聞くといわれてね、新聞の社会的責任についてどう思うって聞かれたんですね。これは来ましたね、僕。それでこれをいったらおしまいかなと思いつつ『そういうものはないと思います』といっちゃったんですね。それをしょってやるのはしんどかった。でも、それと比較対照していうと徳間書店はやっぱり楽だったんですよ」

――「社会の正義のために」とか何でもいいですけれど、適当なことといえばいいだけの話じゃないですか。

「そう。いえなかった」

――それはどうしても嫌だった？

「嫌だった。新聞の社会的責任というのが嫌だったですね。当時の僕には重過ぎたんですよね。若干、夢を見たんですよ、僕。地方のどっかに行って町の取材をするっていうのもいいかななんて。それで、いいかげんな新聞だから楽だろうと思っていたんですよ。徳間書店は、『どういう週刊誌を読んできた？』っていわれてね、一度も読んだことがなかったんで『読んでいません』といって。それを喜んでくれる連中なんだもん。いやあ、徳間書店はよかった。うん」

――戦っていた人たちで読売新聞や朝日新聞に入った人は、新聞の社会的責任とかっていったときに、とうとうと語ったんでしょうね。

「そう思ったんですね。だから、なんか嫌だったんですね。端っこのほうにいたかった」

――新聞に書いてあることとっていうのは、それこそ学生運動をやってりゃ、「おまえらいいかげんにしろよな」ってことばっかりだっていうことを、身をもって知るわけですからね。

「あと東映ね。映画会社ってどこも募集はしていなかったんだけれど、そうしたら東映にお墓部門というのがあったんですよ。東映の葬儀会社。これを受けてみたんですよ」

――なんちゅう青年だったんですかね、鈴木敏夫は（笑）。

「そうしたらね、面接で皆さんから『葬儀会社のほうは、やめたほうがいい』っていわれたんですよ。映画のことをいっぱい聞かれて、それで答えてたら『撮影所に潜り込ませてやろう』っていわれたんですよ。『おまえ、大丈夫だから』っていわれたんだけれど、なんかそれも嫌だなと思って。いまだによく覚えているのは、大川博という人の息子がその会社の社長で」

——大川博っていうのは大東映、天の上の人ですね。

「その息子が継ごうとしたわけ。それでうまくいかなくて、追い出されて、それで葬儀屋の社長をやっていました。この人が面接に出てきてね。そういう気分って、なんとなく好きだったんですよ。端っこのほうでね」

——ものすごいニヒルだったんですね。

「ははははは」

——というか、もう本当に名古屋を否定し、東京に出てきたリアルも否定せざるを得ないという。もう、「俺、どこ行きゃいいんだ」っていう状態ですね。

「でもあんまりあせっていなかったんですよ。流れるままだから。それで『週刊アサヒ芸能』の記者でしょう。そうしたら、これはなんか気分に合っていましたね」

——まず徳間書店を受ける、これはわりとすっと決まったんですね。

「出版社を受けたのは徳間一社だけでした。で、びっくりしたんですよね。何がびっくりしたかといったら、すぐ教えられるんですよ。二千人受けにきているって。それで採るのは五人だっていわれてね、これは駄目だと思ったんですよ。しかも当時、ああいう出版社って、みんな早稲田なんですよ。早稲田の学生だけで千人受けにきていて、あとはそれ以外。で、会場も違うんですよ。だからもう最初から早稲田以外じゃ駄目なんだなと思って。そうしたらね、なんだか知らないけれど呼んでくれたんですよ。最終的に二千人のうち受かったのは五人かな。それで僕以外全員早稲田でした」

——入ったときには、徳間の空気感は、鈴木さん的にはなじんだんですね。

「なじみましたね。もう面接からしてよかったしね。いきなり『おまえは童貞か?』とか聞かれて、これが面接ですからね。『違います』って答えて。そうしたら、どういう経過でそうなったのかってきかれて、『そんなことという必要ないでしょう』っていって。それは覚えているんだ」

——すごい会社ですね。

「そうそう、いい会社だったんですよ。『おまえ、常識がないな』っていわれたんですけど、そもそもくだらない試験なんですよ。右と左で単語が並んでいてね、関係があるのを線で結べって書いてあって。左に『五木ひろし』って書いてあって、右のほうに『よこはま・たそがれ』とかって」

——クイズじゃないですか、それ。

「それがずいぶん多いんですよ。それで田川誠一っていう自民党の衆議院議員、当時、中国問題なんかをよくやっていた人なんだけれど、僕は当時それをあまり知らなくて、『田川誠一』と書いてあってね、右のほうで何か選ばなきゃいけないでしょう。なんとなく『田』、あ、そうだなと思って『山口組三代目』ってところに線を引いて。そうしたら『おまえ、何だ、これ』っていって。『田川誠一が山口組の何なんだ』っていうから『いや、三代目の総長じゃないですか』といったら『あれは田岡一雄だ』といわれてね。『なんだおまえ、そういうこと、常識ないのか』というから、『固有名詞を覚えるのは下手なんですよ、僕』とかいったのを覚えていますね」

――採った徳間書店、偉いですね。

「ありがたかったですね」

――それで最初の配属が、『アサヒ芸能』なんですか。

「そう。全員そうなんですよ。でも、読んだこともないしね、大変でしたよ、もう。研修も何もあったもんじゃないですよ」

――いきなり現場なんですか。

「『待っていろ』なんですよ。だから五人で待っているんです。そうしたら三日目に、忘れもしないですけど、先輩が来て、『おい、新人たち』っていわれて。『机をちょっと隅に寄せて、ここにスペースをつくれ』っていわれて、何かなと思ったら、『決闘が始まる』って。本当なんですよ。で、二人が決闘するんです。それをみんなでどっちが勝つかとかなんか、賭けようかとかなんかいったりしてね、ちょっとびっくりしましたね。すごい会社だなと思ってね」

——それ、誰と誰が決闘するんですか。

「同じ部員同士ですよ」

——理由は何なんですか。

「なんか気に入らないことがあった」

——出版社ですよね？（笑）。

「そういう空気だったんですよ。僕がいたころは、まだ佐木隆三さんとか、そういう人たちもそこにいたしね。いや、すごかったですよ」

——どっちかが倒れるまで殴り合うんですか。

「そうそう。それで『ひどい会社に入っちゃったな』と思って。そうしたら四日目ぐらいに、ある人に呼ばれてね、なにかなって思ったら『取材してこい』っていうんですよ。舟木一夫が千駄ヶ谷の松実園という旅館で自殺未遂事件を起こしたと。緊急の事件なんですね。それで誰に取材しろとか、何をしろとか、何にも教えてくれないんですよ。『とにかく行ってこい』なんですよ。それでね、そこの旅館のおかみとかいろんな人に取材して、泊まっていた部屋にも行ったりしてね、そこにまだ私物が残っていたんで、写真に撮ったりして、それで帰ってきて『何してきた？』っていうから、いや、こうこうこういうわけでっていったら、『じゃあ、ちょっとそれ、しゃべったやつを原稿にしてみろ』といわれて、それで書いてみたんです。で、渡したら『使えるな』っていわれたんで」

——へえ。記事になったんですか。

「はい、『こんなことでいいのかな?』っていう。もう大変でしたよ。『アサヒ芸能』を読んだことがないでしょう。だから、初めて開くんですよ。『週刊アサヒ芸能』っていうのを。読んで『あ、こういう雑誌なのか』ということと、どういう文章を書いているのかと。それで初めて知るわけですよ、接続詞の使い方とかね。それを見よう見まねで書いたりして」

——パンクバンドですね。バンドをつくってから、楽器は学べっていう世界ですね。

「一年目は働くなよ」

「それで、先輩に呼び出されて『おまえ、ちゃんとやれよ』とかいわれて『はい』なんて。そして、そんな手伝いなんかやって三ヵ月ぐらいたつと、企画部と特集部に分かれるんですよ。特集部っていうのは、日々起こる事件その他を記事にする。企画部は、小説その他の担当。それで希望を出せといわれて、僕、悩んだんですけれど、企画部を選びました。若いとき、いろんな人と付き合うのは、僕、わりと得意だったんです。社交性があったんでしょうね。だけど一人の人間と長くしゃべるのは下手。ついでにいっちゃうと、百人とか二千人とか、大勢の人を前にしゃべるのは得意だったんですよ、僕。ところが、少人数でみんなでしゃべるってすごく下手だった。だから、もしかしたら小説なんかの担当をやると、そういう自分の弱点を克服できるのかなと思って。当時、『アサヒ芸能』に栗原裕という業界でも有名な記者がいたんです。大宅壮一が『これぞ週刊誌の記者だ』って書いたぐらいで、週刊誌記者の覆面座談会なんかがあると、『とにかくアサ芸の栗原には勝てない』って言われていた。週刊誌の記者は、事件が起こったら周辺取材から始めるんですけど、先に動いたやつの勝ち、つまり話を聞いたやつの勝ちだっていうルールがあったんです。そこへ名刺を置いて、その人が誰かの取材をもう受けていたら、他社は取材をしちゃいけないっていうルールです。そうすると事件ものは、栗原さんがいる限り、全部『アサ芸』になっちゃうほどで、その、業界の有名人が、さっきの舟木一夫の記事に関しても声をかけてくれた人だったんです。もちろん特集班のデスクだったんですが、その後も折あるごとに僕を誘ってくれたんです。ところがこの人に、僕が企画部へ行くとなった日に呼び出されるんですよ」

——「なんだおまえ！」みたいな？

「『なんだおまえ！』どころじゃないですよ。飲み屋へ連れていかれて座った途端、『明日から来るな。やめろ』って。怖かったですね。『おまえ何しに来たんだ』って、怒っているわけですよ。でも、この人はすごかったですけどね。それこそヤクザから何でも取材していて、夜桜銀次って有名なヤクザの単独取材に成功したのはこの人です。その取材のときに兄弟分の杯を交わした人だから、怖かったんですけど、しかし、書くものはすごかったんです、上手で。取材力と筆力がむちゃくちゃすごかった。だから僕もその三ヵ月の間に、この人に対してはある種の敬意が生まれていました。その企画部に行ったときは怒られたんだけれど、その後、なんかことあるごとにかわいがってくれて、で、まあ、みんなからは、ちょっと雰囲気が似ているって、栗原さんの弟っていわれていたんですよ、僕。それで栗さんも僕のことをね、トシ坊とかいってね、なにかあるたびに呼んでくれて。だから何か僕にとっては栗原さんっていうのは、あるモデルとしていいなあと思えた人でした。僕は企画部にいていろいろなことをやっていたけれど、特集部では、みんなが書くと彼が直すんですよ。その両方を僕のところへ持ってきて教えてくれるんです、記事の書き方を。いまだに彼の書いたやつで、忘れない記事があるんです。十三歳で子どもを産んじゃった女の子が当時いて、日本中が大騒ぎになったことがあるんですよ。担当した記者はお涙頂戴の記事を書くわけです。ところが栗さんがやって来てね、『トシ坊、おまえこれ読んでみろ』っていわれてね。読んだら『どうしようもねえだろう』っていうから、『はあ』とかっていったら、『ちょっと書き直すからな。見てろ』っていってね、原稿に全部ペケ付けて、一行だけ書いたんですよ。『十三歳といっても女、やればできる』って。で、書いたそいつを呼んで『おまえ、これの続き書け』っていって。すげえなと思ったんですよ。変なことばかりだけど、いろいろ教えてもらいましたね。リアリズムなんですよ。強烈でね。でも、書く記事は本当に面白かった。うん」

――すごいですね。でも、叱られながらも企画に行ったわけですね。

「そうです。でもその後も、そうやって栗さんは何かと目をかけてくれて、僕がマンガを好きだっていうことを知っていたから、自分のとこへ届くマンガ関係の案内状なんかを全部、僕のところへ持ってきてくれたりね。うん」

――で、『アサ芸』から今度は、『コミック&コミック』に移るわけですね。

「僕ね、その企画部をサボりにサボりまくるんですよ。自分で希望したんだけれど、結局真面目にやらなかったんです。さっきの大島っていう友達がもう一つ教えてくれたんですよ。『一年目は働くなよ』って。一年目は徹底的にサボれ、そうすりゃ二年目から何をやっても褒めてもらえる、って。僕、それを実行に移したんですよ」

――(笑)。

「本当に。それでその彼は、僕にはそういう助言をしながら、自分はむちゃくちゃよく働くんですよ。僕は彼のいうことを忠実に守って、一年目サボって、そうしたら二年目から何をやっても本当に褒められるんです。でも、その彼は働き過ぎて、ノイローゼに陥るんですよ。一年目から会社の社長が考えるようなことを考えちゃってね。『そういうことは上に行ってから考えたらいいんじゃない?』って、逆に僕のほうがいったりしてね。というようなことをやっているうちに、その彼が自殺しちゃうんですね。これは僕にとっては、もしかしたら大きいのかなって思いますね。で、その大島にいわれたことを実行に移した僕は、一年もしないうちに『アサヒ芸能』をクビになっちゃうんですよ。占いページなんかを担当させられて、代筆しなきゃいけないんですよ、人生相談。それで僕、ある日、書いちゃいけないことをつい書いちゃったんですね。それがそのままデスクを通っちゃった。何を書いたかというと、『ある占いの人に相談したらこういわれた、それで私は今悩んでいる』っていう相談に、僕、『そんなもの信じるからいけないんだ』って書いちゃったんです。そうしたら、その宇佐美斎明という先生が怒っちゃって。それで訂正記事を書けっていうんですよ。書きようがないでしょう、もう。だから、自分なりには面白かったんですけれどね、一年後にクビだ、マンガ雑誌をやれっていわれるんですよ。そうしたらあんな徳間書店でも、一年二年先輩の人が『行くな』っていって。要するに、『アサ芸』は徳間書店ではエリートコースだと。おまえ、そこを外れるんだぞ、たった一年でいなくなったやつは今までいないと」

――ああ、もうこれで、おまえラインから外れるぞと。

「そう。だから、おまえの将来は決まっちゃうぞと。でも、僕にとっては、そんなのはどっちでもよくて、マンガ雑誌って面白いなと思ったんですよ。だから、やってみたくなったんです。そうしたら編集部がつくられて、集められたのが四人だか五人なんですけれどね、僕以外、当事、誰もマンガ読んだことないんですよ」

——なんですか、それ。どうしてコミック雑誌をつくろうと思ったんでしょう。

「売れるからですね。そうしたら編集長以下読んだことないから『おい、鈴木。どうやってつくったらいいんだ？』って」

——ははは。徳間、すごい出版社ですね。

「当時、そうなんですよ。だってマンガ関係ない会社だったんだもん。僕は、そこで若気の至りでこういうことをいっちゃうんですよ。『十人に原稿を依頼するとしたら、まず八人はベテランの力のある人に描いてもらう。そして、残り二人は、若い人にチャンスを与えてその人たちが育つのを待つ。これがいいんじゃないでしょうか』っていったら、編集長が『よし、それが編集方針だ』っていってね。『ところでマンガ家というのはどういうのがいるんだ』っていうね、すんごい話なんですよ。それで決まっていたのはただ一つ。東映の映画監督たちにシナリオを書いてもらう。それであとは描き手だけだというんで、創刊号から、ほとんど僕がいう人に決まっちゃってね、それでスタートなんですよ。そうしたら当時、初刷りが二十四万部で、それで三十万部ぐらいまでいくんですけれど。これがね、二十二万部ぐらいに下がって、やっぱり売れないからやめようということで、なくなっちゃうんです。『コミック&コミック』って雑誌だったんですけど」

——今考えると、ものすごい部数ですけどね。

「そうなんですよ、実売でそれだけ売れてたんですよ。でも、当時よくいわれていたのは、月刊誌、週刊誌とも三十万部売れなきゃ雑誌じゃないって」

――すごい時代ですね。

「そうなんです。でも僕はおかげさまで、いろいろなマンガ家の方にお目にかかることができて。なんてったって、そこで手塚（治虫）さんってやっぱり面白い人だなって人間から好きになって、あらためて全部読むなんてこともするし。僕、ジョージ秋山って大好きな人でたくさん付き合ったしね。あと、長谷川法世ちゃんとかみなもと太郎とか」

――すごい。そうそうたる人たちばかりですけどね。

「そうですよ。石ノ森章太郎なんかもそこで知り合ったし。映画監督も、深作欣二、佐藤純彌、中島貞夫、石井輝男だの、みんなと知り合った」

――おお、『網走番外地』。

「うん。それは本当、面白かったですよ。だけど、やっぱりベテラン八人はいいかげんに描くんですよ。若者二人は、ベテランの存在がプレッシャーになっていいのが描けない。だから僕はある日、みんなに提案するんです。とにかくみんなでマンガを読みまくろうと。読みまくって世間で有名かどうかはともかく、自分が面白いと思った人でコミック雑誌をつくりませんか、といったら、また編集長がすぐ採用してくれて。だから、これは僕は勉強になったですね。『アサ芸』にいるよりよっぽど面白かったですよ。『アサ芸』にいたら一番下っ端だったのに、そこの編集部へ行ってみたら、二年生なのに偉そうな顔ができたから」

――楽しかったですか。

「むちゃくちゃ面白かった」

――じゃあ、そこで初めて編集者として目覚めるわけですね。

「そう。で、手塚さんって、やっぱり面白かったですよ。いろんなこと教えてもらったし。くだらないんですけど、『刑事コロンダ』っていうのを描いてもらったんですけどね。原稿取るの大変じゃないですか。取って朝六時ぐらいに会社へ戻ってきたら電話がかかってきたんですよ。で、一時間ぐらいで直したいところがあるって。『申し訳ないけれど、もう印刷会社から引き取りが来るんですよ、先生』って。それは、読み切りだったんですよ。そうしたら、ごちゃごちゃやっているうちに『分かった、君。じゃあね、次やらせろ。もう一回』って、連載になっちゃったんです」

――すごいじゃないですか。

「うん。で、後に『アニメージュ』になってからも僕、ずっと手塚さんとは付き合うんですよ。だから手塚さんには、いろんなことを教えてもらったですね。まず第一に原稿料。これは忘れないですね。『先生、どうします？　マネージャーの人と相談したほうがいいんですか』っていったら『いくらでもいいです』って。『だけど、いくらでもっていうわけにいかないでしょう』っていって。当時、一流クラスが一枚七万円から八万円、それでいろいろ話したら、一万円ぐらいでいいっていうんですよ。どうしてなんですかっていったら『いや、原稿料が安いと注文が来るんですよ、鈴木さん。どうせ僕のは単行本にすりゃ売れるから』って。もう一個印象深いのはね、平田さんっていう僕も見たことがないぐらいいいかげんな男がマネージャーだったんですよ。『先生、どうしてああいう人をマネージャーにしておくんですか』っていったら『助かるんですよ、ああいう人がいると。僕は、おかげさまでいろんなところからいろんな注文が来る。窓口が彼だと、全部彼の責任にできる』っていってね。偉い人だなと思ってね」

――でも、あの才能の大きさに比べて、人生はなかなか厳しいものになっちゃいましたね。

「まあ、そうでしょうけどね」

――だから、そこらへんのマネージメントさえできていればというのはありますけどね。

「全部自分でやろうとしたからですかね。この間、息子さんにあいさつされて、なんか一瞬引き戻された感がありました。あと、僕が好きだったのは、やっぱりジョージ秋山。僕、あの人のマンガ全部大好きだったんです。『日本列島蝦蟇蛙』とかね。ちばてつやさんもよかったけれど。ものすごく楽しかった。やっぱり俺、マンガ好きなんだなって自分のことを思ったし」

――なんの目的もなく入った徳間書店ですけれども、やっていくうちになんかの巡り合わせの中で、自分がいる場所が少しずつ少しずつ見えてきたんですね。

「そう。見えてくるんですよ。当時、徳間書店って本当につぶれそうな会社だったから。最初に、三ヵ月で仕事を覚えようと思った。でなきゃ、ここは長くいられないなと思っていたんですけれど、結果的には長くいることになるんです」

『アサ芸』を追い出されて

――本当につぶれそうだったんですか。

「いや、本当にそうでしたよ。いつ駄目になってもおかしくない。売り上げもひどいし、それでやめる人もいっぱいいたし。それで、やっていくうちにね、そのマンガ雑誌が駄目になって次どうするかっていうことになってね、それで特集記事を書いてみたくなったんですよ。それで、特集班へ」

――また『アサヒ芸能』の？

「そう。そこから一年半。とにかく毎週記事です。それで僕、書くのが速かったんで……途中でそういうことも分かるんですけど。週に二本やらされたりね。これは面白かったですね。特攻隊と暴走族の記事は印象に残ってるんです。僕は、ちょっと仮説を立ててたんですよ。特攻隊のことを本で読んでいてね。特攻隊へ行った人って一期から一八期の中で三期ぐらいなんですよ。その前後の人は実際には行っていないんです。それで、僕が仮説を立てたっていうのは何かっていうと、その当事者だった人たち、もしくはその前後の人たちは偉くなっているか会って確かめたくなったんです。で、当事者だった人たちは見事に全員ブルーカラー。前後の人は中小企業の社長が多かった。それを聞き出したかったんですよ」

——なんで、そんな仮説を立てたんですか？

「一度死を決意した、しかし戻ってきて戦後を生きざるを得なかった、そういう人のその後の生き方は前向きになれるんだろうか、っていうことに興味があったんですよ。前向きっていう言葉と、後ろ向きっていう言葉は、やっぱり僕にとって大きいんですよ。前向きに生きるだけが人生じゃない、後ろ向きに生きたっていいじゃないの、っていうのがどっかにあって、もしかしたらそっちの人のほうが信用できるっていうのがあったんですね。特攻隊で死を覚悟した人たちは、もしかしたらその気持ちが分かるんじゃないかって。見事にそのとおりでしたね。だから、これは記事として面白かった。それから、僕、暴走族の集会にも参加したんですよ。初台の喫茶店を借り切って三、四時間やってたんですけど、『今日はアサヒ芸能の鈴木さんが来ているから、みんなばっちり行こうぜ』とかなんとかいってね。それでテーマが二つなんですよ。ホワイトボードにテーマが書かれてね、一つはマッポー（警察）対策。マッポーとはどこまでけんかをしていいのかっていう。もう一つは、バイクの後ろに女の子は乗せていいかどうかっていう、これをめぐってみんなで議論なんですよ。これホームルームだな、と思って面白かった」

――でも、鈴木さん、まんま自分のことですね、その特集記事。

「そうなんですね、今、考えると。やっぱり興味があったんですね、そういうことに」

――だから、自分ははたして前向きに生きているのか、後ろ向きに生きているのか。前向きに生きられない自分の生き方というのは何なのか、というのをそのまま書いているじゃないんですか。

「かもしれないけど。人に対して提供するものは前向きだけれど、個人的にはそうじゃないんですよね。なんでそう思ったのかな。それまで学生時代からいろいろ思っていたことをかたちにしたんでしょうね。後ろ向きに生きている人たちって好きでしたね。例えば一条さゆり。この人なんか、仲良くなっちゃってね。ストリッパーとして一世を風靡した彼女だけれど、ほんと彼女なんか面白かったな。取材してよかったですもん」

――鈴木さんとしてはどの辺が面白かったんですか？

「正直な人。当時、彼女のストリップの様っていうのはね、踊っていると自然とあそこから愛液が流れるとかいわれていた。で、それを聞くんです。『あれって、どうやって出すんですか』って。そうしたら秘密を教えてくれたんですよ。『あれはね、鈴木さん……もうこんなこといっちゃったら私の商売駄目になるんだけどさ。コツがあるのよ』っていうから、『コツって何ですか』っていったら『踊る前に牛乳風呂入るの』って。そういうのを明らかにしていくのは、わりと好きだったんです、僕」

――そういう、後ろ向きなのか前向きなのか分かんないですけれども、とりあえず生きていくという生き方に共感したんですね。

「そうですね。僕は、後に『火垂るの墓』なんてやりたくなるんですけれど。やはり野坂昭如という人は好きだったしね。あれなんかも関係ありますね」

――特攻隊も暴走族も……特に特攻隊は、生き残ってしまった感覚ですよね。

「そう。僕ね、いろいろ記事書きましたけれど、当時、ファンレターもらったのはその特集だけですよ。あれって、戦争に負けることとは分かっていたから、最初からみんな志願制なんですね。『志願する者、一歩前へ』なんですよ。そうするとみんな、そこに踏みとどまることができなくて無理やり志願させられるわけ。そこらへんのいきさつを全部書いちゃったんですよ。八月十五日になってもまだ飛行場をつくっていた人もいるしね。その人たちの声を代弁したかったというのはありましたね」

――だから、生き残ってしまった鈴木さんとしては、なぜ自分は生き残ったんだろうと。

「そうですね。ついでにいっちゃうと当時、無差別殺人ってあってね。三菱重工爆破事件で〝狼夫婦〟っていうのが捕まって、それで、ほとんどの週刊誌が、この夫婦がどういう夫婦であったかなんてバカな記事をやるんだろうと思ったから、その無差別殺人で被害に遭った遺族たちの話をやろうと思ったんですよ。というのは、新聞を読むでしょう。そうするとみんな遺族の方たちが『（犯人が逮捕されて）これで息子も浮かばれる』、『これでお父さんも天国へ行ける』ってそんな記事ばっかりなんですよ。それが気になったんですね。それでその新聞を持って一人一人回ってみたんですよ。『こんなことといったんですか？』って。誰もいっていないんですよ。記者に『これで浮かばれますね』っていわれて『はあ、まあ』っていったら、『浮かばれます』になっちゃう、っていうことなんですよ。これはいったいどういうことなのかを書きたくなってね。で、その中のある人が教えてくれたんですけれどね、『〈これで息子さんも浮かばれますね〉といってきた記者に対してあなたはどう思いましたか』って聞いたら『腹が立つ。本当に頭に来た。むちゃくちゃですよ。だけどもっと腹が立ったことがある。三菱重工爆破の一日か二日後、全銀行が押し寄せました。〈補償金が入ったらぜひうちの銀行へ〉って』というのを全部記事にしたんですよ。これは、自分としても面白い記事ができたと思いますね」

――鈴木さんは、要するに、建て前ではない現実に迫りたくてしょうがないんですね。

「ああ、そういうことができるんだ、ということが分かったんですね。それが面白かったんですね。でも、そのころ、デスクにいわれるんですよ。『君の記事は社会性があり過ぎる』って。歓楽街なんかもね、やっぱり取材していくと面白いんですね。いったいどういうところに歓楽街ができるのかとかね。そうすると、必ず自衛隊のそばとかにあるんですよ」

――やっぱり鈴木さん、名古屋時代と大学時代に向き合った、社会や現実と、そこに相いれない自分という構造から死ぬまで逃れられないですね。

「だからそういう記事を書いてきたんじゃないですかね。結構面白かったんですよ、僕にとっては。ところがいろんないきさつで、『アニメージュ』をやることになったでしょう。そうしたらみんなの原稿を読めっていわれたわけですよ。これはつらかったんです、僕。だって、せっかくそういうことが面白くなって、ノンフィクションっていうものに興味を持って、それをやっていきたいときに『アニメージュ』でみんなの原稿を見なきゃいけないっていう仕事は、僕にはつらかったですね。でも『アニメージュ』でも、結構本当のことをいっぱい書いたんですけどね」

――読者としては、「おお、ようやくここから宮崎駿と高畑勲が現れるんだ」っていうところなんですけど。この『アニメージュ』創刊を担うというのは、どういう経緯だったんですか？

「僕は『アサヒ芸能』を本当はずっとやっていたかったんだけれど、あることがきっかけで追い出されるんですね。僕とよくぶつかるデスクがいたんですよ。それである事件をやるときに一日しか取材日がなくて、八人取材しろっていうから、絶対無理だから誰か一人付けてくれっていったら、『そうか、敏夫君は一人じゃできないんだな』っていわれてね、そこから干されるんですよ。それで、挙句の果てに、そこから追い出されるっていう。そのデスクのことは、いまだによく覚えていますけどね。それで、さあどうするとなったとき……最初に『アサヒ芸能』に入ったときの企画部長で尾形英夫さんという人がいて。この人は僕、なんとなく好きっていうのか。なんでかっていったら、『アサヒ芸能』の中で、いわゆる文化的なことをやっていたのは、みんなこの人だったんですよ。尾形さんって、一見変な人にしか思われなくて、みんなからの評価は低かったんですけれど、僕はそうは思わなくて。当時、『アサ芸』は社会だとか、スポーツだとか、芸能だとかいろんな欄をつくって、いろんな人に執筆をさせたんですよ。例えば政治欄を寺山修司に書かせたりね。

『アサ芸』がですよ？」

――すごいですね。

「それがあるときは鈴木いづみになったり菅原文太になったりね。そういうのを平気でばんばんやる人だったんですよ。『アサ芸』はこういう人たちが執筆陣だ、っていう枠を取っ払っちゃう人なんですよ。それを本能でできる人だから、見ていて面白いなと思ったんですけれど。平井和正という人がシナリオライターだったとき、小説を書けっていったのはこの人ですからね」

――へえー！

「それで『幻魔大戦』なんですよ。誰にでもそういっちゃうところがすごい人でね。だから、僕が学生運動の時代にはね、〈右手に『朝日ジャーナル』、左手に『少年マガジン』〉

ってよくいわれてましたけど、〈右手に『朝日ジャーナル』、左手に『アサ芸』〉っていう学生もいたんですよ。なんでかといったら、そういう人がいっぱい書いていたから。僕らのときに、例えば、『アサ芸』の連載マンガは誰が描いていたか。真崎守《まさきもり》なんですよ。彼を起用したのも尾形さんなんですよ、評判になった人に関しては全部、この人が手掛けたんです。『アサ芸』に合うかどうかなんて一切考えない。しかも、企画も本当に自由自在。この男っていうのは見かけによらずすごいな、と」

――徳間って面白い出版社だったんですね。

「しかも、この人が企画部長をやっていたときは、だんだんだんだん企画ページが増えてくるんですよ。それを上は扱いかねて、この人も追い出されてね。僕と同時期に追い出されちゃったんですよ。それで気が付いたら、『テレビランド』、子どものためのヒーロー雑誌の編集長をやっていて。それで彼のことを思い出して直接交渉するんですよ。『僕を入れてくださいよ』って。僕、特撮ヒーローとかなんの興味もなかったけれど、なんとなく彼とやるのが気が楽かなと思って。それで仮面ライダーがどうしたとか、宇宙鉄人キョーダインがどうしたとか……今考えるとほんと七、八ヵ月なんですけど、やっているうちに、この人が実はアニメ雑誌をやりたいといい出した。なんでだといったら『うちの息子がアニメ好きだから』っていうね。ほんと、一見、品がないんですよ。見た目もなんか日活映画のチンピラみたいな格好しているしね。だけど志は高くて」

――そういう人大好きですよね、鈴木さん。

「好きだったですね、この人のことは。もう亡くなっちゃったんですけどね」

キャラクター・マガジン

――『アニメージュ』の編集方針というのは、どういうものだったんですか。

「『アニメージュ』のときはね、何しろ彼が、俺は今度『アニメージュ』っていう雑誌をやるんだ、敏夫君、どう思う？　とかなんとかいっていたんですけれど、当時、会社で組合騒ぎがいろいろあったんで『敏夫君、これは外部でやるから、外部で』とかなんかいってね。それでなみきたかしっていうアニメーションに詳しいやつが主宰していたあるグループと一緒に一九七七年の秋ぐらいから次の四月ぐらいまで、なんか集まって話したりしていたんですよ」

――ブレストみたいなことをやっていたんですか。

「うん。それで雑誌をつくるんだと僕、思っていたんですよ。それでゴールデンウィークの途中で、五月二十六日発売って決まって。そうしたら尾形がね、『敏夫君、おごるからお茶飲みに行こう』って。ちょっと珍しいんですね。この人、けちでお茶なんかおごってくれることないんで何かあるなと思ってね」

――これは悪い予感がするぞと。

「そう。そしたら、簡単にいうと、君が『アニメージュ』をやってくれないかっていって。『ええっ？　どういうことなんですか、並木がいるじゃないですか』っていったら『あ、クビにしちゃった』っていうんです。もめた、と。もう三時間か四時間話し合いましたよ」

——勘弁してくれと。

「だって、五月二十六日発売で、もう五月になってるんだもん。頭の中で計算するでしょう。どう考えたって時間ないんですよ。取材だって一週間ぐらいしかできない、おまけに校了とかいろいろ考えたら二週間の勝負でしょう。無理だと思ったんですよ、僕。でもとにかく、いろいろいわれているうちに何時間もたって『しょうがない、もうやるか』っていうことになるでしょう。本人はね、企画力はあるんだけれど実務能力ゼロの人なんですよ。それで『敏夫君、頼む』っていうから、『じゃあ、束見本《つか》はどうなってんですか』っていったら『何だ？　それ』って」

——(笑)。

「新雑誌創刊なんですから、実際に使う紙で実際と同じようなページ数で製本して、様子を見るために、普通は束見本っていうのをつくるもんなんですよ。それをつくっていないんだもん。『値段は？』ってきいたら、値段も決まっていないっていうんですよ。もうむちゃくちゃですよね。それで、『スタッフは？』ってきいたら、『好きなやつを選んでくれ』って」

――すごいですね。

「好きなやつっていっても、いろんな部署で要らないっていわれたやつをみんな集めるんですよ（笑）。なんでかっていったら、それだったらなんとか集められるから。それで、とにかく校了まで二週間しかない。内容はどうするつもりなんですかって聞いたら『高尚な本をつくってほしい。うちの息子が読むから』って。なんにもないんですよ。『何やってたんですか？　この半年』っていう感じなんですよ」

――でも、アニメの雑誌というのは決まってるんですよね。

「そう。で、『アニメに詳しい女子高生が三人いるから、こいつらを呼ぶから』っていわれて、呼んでもらって。その次の日にその子たちに全部聞いて、内容はそれなんですよ。三人から聞いた話だけで、創刊号の内容を、僕、考えたんですよ」

――でも鈴木さん、そのときはアニメに興味ないんですよね。

「ない」

――知識もないんですよね。

「ない」

――なんでその話を受けようと思ったんですか。

「だって週刊誌でやっていたのはそういう仕事ですよ。僕が一番大変だったのは、競馬の記事だもん。競馬なんて興味ないし。あと一番つらかったのは、中日ドラゴンズの裏で動くお金の話だったしね。それは大変ですよ」

――じゃあアニメにまったく興味ないのと同じだと。

「話を聞きゃなんとかなるかなと思って、その三人に聞きまくったら、だいたい分かってきたんですよ」

――すごいですね、その分析能力が。

「いや、要するに、何が人気があるかっていったらキャラクター。いっときなら『平凡』、『明星』とかでスターがいたじゃないですか。そういうのがいなくなった現在、アニメーションのキャラクターがそうなっているって。要するに、キャラクター・マガジンをつくるんだな、ということがまず分かったんですよ。ところが、取材しようにも本物はいないわけだから、それにまつわる人たち……演出家もいれば、それを描いた人もいるから彼らに取材しようと。だから、僕、最初にみんなを集めたときに、こういういい方をしたのをよく覚えているんですよ。要するに、インタビュー・マガジンだと。それで、その日のうちに台割をつくんなきゃいけないんだけれど、最初から念頭に置いていたのが読者ページで、二日目に僕は『アサ芸』時代の知り合いをみんな呼ぶんです、とにかく時間がないから。それで、編集会議で『これでやりますから』っていって、みんなに出したんですよ。もうみんなで検討している暇がないから。例えば表紙は、当時、大評判になっている『宇宙戦艦ヤマト』。そうしたら尾形さんがね、忘れもしないですけれど『俺はヤマトは嫌だ』って。『和田誠でいきたい』と。これびっくりしたんですよ。なんのイメージもなく、この人、考えていたんだなって。自分が好きだったからね。すごい人ですよ。ヤマト・ブームには、決して乗っかりたくないんだよ、と」

――当時、アニメ雑誌はそれなりにあったんですか？

「ときたまアニメの特集をやる雑誌がある程度なんですよ。そういうことでいえば、やっぱり尾形さんがそこに目を付けて、新しい雑誌をつくろうっていうのはすごいことなんですよ。彼の名誉のためにいうと、いろいろあるけれどあの時代の大アニメブームをつくった張本人はこの男ですよ」

――じゃあ、その時代の変化の予感はしていたわけですね。

「自分の息子が好きだからですよ」

――（笑）。

「それだけなんだもん」

――でも大切なことですけどね。

「そう。あの人に僕、教えられたんです、公私混同を。そして、僕は、その三人の女子高生から名作だと聞いた『太陽の王子　ホルスの大冒険』で創刊号の八ページは稼げるなって。だって全部で一一八ページしかない。それで高畑勲さんと宮さんと初めて言葉を交わす――もちろん電話でしたけれど」

――その映画を見てどうでしたか。

「そのときは、映画は、まだ見ることができず、実際に見たのは三ヵ月後ぐらいのことなんですよ。このとき、僕は、台割も考えなきゃいけないし、みんなの原稿も読まなきゃいけないし、それから自分でもページを持っていて……プレイング・マネージャーっていうやつですね、しかも時間ないから、あっという間にやらなきゃいけない。だから、この『太陽の王子　ホルスの大冒険』は自分でやっちゃおう、そうすればページ稼げるからって。もうとにかくプロデューサーの一人だった斉藤侑さんと話して、スチールがいっぱいあるっていう情報をつかむんです。東映本社には、本当にいっぱいあるんですよ。全部モノクロでしたけれど。まあ、二色のページだからこれでいいやと思って、それでストーリー順に絵を置いてもらう。それである程度ページはできるなっていう。だから、内容だってその斉藤さんに教えてもらっただけで、詳しくは分かっていないわけですよ。それでとにかく会って取材したいっていったら、で、とにかくつくった人で高畑さんというのがいると。それなのに、その高畑さんという人があれこれいい出した。もう一時間ぐらい電話で話して。後に高畑さんに話すとそれは大袈裟だといわれましたが（笑）」

――どんなことをいうんですか？

「それはね、僕は、あんまり記憶にないんですよ（笑）。でも、『あなたの雑誌はどういうすけど、来年一月か二月ごろかな、試写会があるので、来てくださいといわれて、それで、宮崎駿さんからも電話があったんです。

雑誌なのか』ってとこから始まるんです。実はこうこうこういうわけで創刊するんですけれどって説明すると、高畑さんは、ああだ、こうだって話はするんですけども、でも、会いたくないの一点張り。で、一時間ぐらいいたったころ、実はホルスを一緒につくった宮崎駿というのがいると。これが、初めてその名前を聞いた瞬間ですね。『彼は別の意見を持つかもしれないから、電話を代わりますか?』って、それで電話を代わってくれるんです」

——その一時間高畑さんは何をいったかというと、要は「おまえに会いたくない」と?

「そうです。そのとおり。で、宮さんに電話を代わって……そのときの正確ないい回しは全部覚えていますね。いきなり『あらましは聞きました』と。だから、説明は要らないっていうことなんですよ。その代わり、組合運動その他、全部語るには一六ページ欲しいと。だから、一六ページくださいって。これまた三〇分ぐらいかかるんですよ。それで、諦めるんですね。結局、主役のホルスをやった大方斐紗子《おおかたひさこ》さんという人と、それから悪役をやった平幹二朗《ひらみきじろう》さんに取材したんですけど、この高畑勲と宮崎駿の二人のことが印象に残った。『何だ、こいつら』と思って。それでしばらくしたら、池袋の文芸坐で夜中に『ホルス』の上映があると。で、見に行ったんですよ。それでびっくりなんです。すげえ映画だなと思って。簡単にいうと、ベトナム戦争を下敷きにしてマンガ映画をつくっている。こんなものをつくってんだ?　って驚いたんですね。だって、テーマは『守るべき村』ですからねえ。北ベトナムでしょう。驚いたですね。そうこうするうち、宮崎駿は『ルパン三世　カリオストロの城』をつくるし、高畑勲は『じゃりン子チエ』をつくるんですよ」

二人の天才とのファーストコンタクト

――鈴木さんにとって最初に、ファーストコンタクトをした高畑勲と宮崎駿の印象はどういうものでしたか？

「変なやつらだな、と。電話での印象はそれですね。僕は自分で取材をいろいろしてきたじゃないですか。高畑さんみたいにあんなふうにあなたに会いたくないって電話で延々い続けた人は僕は見たことないし、聞いたこともない。宮さんのほうはまったく逆で『ページをよこせ』と、それだけ語りたいことがある。ある種のピュアさは感じましたけど、変なやつらだっていうのが僕の印象ですね。で、気になっていたもんだから、夜中に映画をやっているっていうんで見に行った。それを見たときの衝撃は忘れないですよ」

――鈴木さんは『アニメージュ』をつくり始めても、それほどアニメに興味が湧くってわけでもなかったんですか？

「そういう意味では『ヤマト』は面白かった。なんでかっていうと、当時流行っていたマンガはどれも個人の話だったけど、『ヤマト』はみんなで力を合わせるっていう話でしょう。そこは、ちょっとびっくりしましたね。要するに、マンガではとっくにもう終わったテーマだったわけで、それをここで再現しているっていうのは何なんだろうと思って。そういう意味では興味を持ったけれど、一方で中身は浪花節でしょう。いまだにこんなもんやっているのかっていう、そんな印象もありましたけどね。だけど、そんなにあれこれ見たわけじゃなくて」

――じゃあ、それこそ『ホルス』を文芸坐で見たっていうのは、鈴木さんにとっては、もう本当に……。

「人生変わりましたよ。事件です。宮さんの『カリオストロの城』のときは、僕は雑誌全体を見なきゃいけないから、亀山（修）っていうのにページを担当してもらったんだけど、亀山がね、とにかくらちが明かないから一緒に来てくれっていうんで、二人に会いに行くんです。それで、とにかく宮さんにひどいことをいわれてね。『取材は僕は受けたくない』っていうことを繰り返しいわれて。なんでかっていったら『あなたたちがつくっている雑誌はくだらない』と。要するに、アニメを使って商売しようとしてんだろう、と。そんなもんに自分が登場したら何かが汚れる、っていわれましたね。頭にきたから、そばへ腰掛けを持ってきて座って、なんにもしゃべんなかったですよ。宮さんは一生懸命仕事していたけどもね、知らん顔して横にいて。そうしたらね、夜中の何時だったか、午前の二時か、三時かだったんですけど、いきなり『僕、帰ります』、『明日は九時です』といわれてね。僕ね、夜の九時だと思ったんです。そうしたら朝だったんだね。しょうがないわ、これは付き合うしかないなっていう。それで次の朝二人で行って。そこからですよ」

――鈴木さんは、なんで宮崎さんの横にそうやってへばりついたんでしょう。

「頭に来たからですよ。だって今までの自分の経験だと、やっぱり会ったら取材はしてきたんですよ。これで断られたら負けでしょう。それが嫌だったんですよ。だから勝ちたいと思って」

――でも、どうでもいいやつにはそこまでやらなかったでしょ。

「しないですね、まあね。でも普通、取材したいっていったら、みんな応じてくれるんですよ。で、三日目ですよ。絵コンテを描きながら、こちらを向いて『こういうときなんていうんですか』って、これが第一声です。カーチェイスのシーン。そうしたら、亀山が『競輪業界では、これは〈まくり〉っていうんですけれど』とかなんとかいってね。そこからですよ。わあっとしゃべり出したのは。それで、結果、最初の三日間一緒にいたでしょう。結局ね、映画の完成まで毎日行くことになっちゃうんですよ。ずっと行っていましたね。遊びに行くっていう感じでしたけど」

――鈴木さんは、『アニメージュ』をくだらないといわれたわけですよね。

「そうです」

――そのとき、どう思いました？

「いや。だからもう腹立ったんですよ」

――でも、どっかで痛くなかったですか。

「いや。痛かったですよ。だから、痛いのをなんとかしたいと思ったんでしょうね。それは、おっしゃることは至極正しいんだもん。くだらない雑誌だ、アニメを使って商売しようとしているんだろうって、そのとおりなんだから。だけれど、どっかで尾形さんのこともあったんですかね。要するに、息子のためだといっているわけでしょう。それで高尚な本にしてくれっていわれていた。僕、みんなにも伝えたんだけど、その尾形さんの言葉を翻訳して『本当のことを書こう』っていってたんですよ。ついでだからいっちゃうと、当時『さらば宇宙戦艦ヤマト』っていう映画が公開中で、その記事のために西崎（義展）さんという人と濃い関係の中で取材をやっていくわけですけれどね。そうしたら、これが最後の『ヤマト』だと、といっている一方で、『宇宙戦艦ヤマト2』っていうテレビシリーズが着々と進行していたんですよ。尾形が『敏夫君、これ頼むよ』っていうから、それも僕が担当しなきゃいけなくなって、それで僕、これが最後の『ヤマト』だとおっしゃっていたのに、なんで、また次をやることになったのかと西崎さんに聞いたら『うん。いい質問だな、考えてくれ』っていわれたんですよ。これはね、僕ね、参考になったんですよ。それともう一個はね、『ヤマト2』にセールスポイントがあったんですよ。ヤマトがこういうふうに大改造されるとかいろいろポイントがあって、その改造だけ覚えているんだけれど、松本零士さんのところへ行って、今度の『ヤマト2』で大改造というのがセールスポイントの一つになっているけれど、どのぐらい改造されるんですかと聞いたら、零士さんが『いや、大して変わりません』といったんですよ」

――(笑)。

「で、本当のことを書いちゃおうと思ったんですよ。それ全部原稿にしたんですよ。いろいろ変わるといっているけれど実は何も変わらないって。これを記事にできたときは面白かったですよ」

――なるほど。『アニメージュ』はそういう方針で船出をした。しかし、鈴木さんは、要するに、高畑さんと宮崎さんと出会うことによってようやく人生を獲得することになるんですね。

「そんなつもりじゃなかったんですけどね」

――まあ、取材に応じなかったり『アニメージュ』批判をする人たちで。

「はい」

――だから鈴木さんは鈴木さんのアイデンティティを否定されるわけですよ。

「そうですね」

――で、相手は強固な何かを持っているわけですよ。

「そうです」

――そういうのって、かなりショックですよね。

「火がつきましたね。ショックよりね、頭に来ているほうが強いんですよ。だから何がなんでも口を割らせてやるっていう」

――それと半分うれしいんですよね、鈴木さん、きっと。そういう素材に出会ったということが。

「そうそう。それはそのとおりです。だからその後、高畑さんとも出会い、いろんなことがあるでしょう。あるとき、思ったんです。今、作家ってこういう場所にいるんだって。だって、それまで作家というのは銀座にいるのかと思っていたし。『コミック&コミック』というマンガ誌の中で、いろんな作家と直接会ったり、話したりする機会を得たんですけれど、いずれも二人には及ばない人たちだったし」

鈴木敏夫が鈴木敏夫になった瞬間

我慢比べ

――話が飛びますが……この何時間かあとかに聞く話だけども、常識で考えるならば、プロデューサーは『かぐや姫』をつくらないですよ。

「そうですね」

――「もういいかげんにしろ」っていいますよ。「高畑さん、世の中そういうもんじゃないですよ」って。でも、鈴木さんは最後までつくらせるわけですよね。

「そうです」

――それはなぜかというと、要するに最初の出会いですよね。

「そう。変わっていないんですよ。同じなんですよ」

――だから、最初の出会いのなかで、鈴木さんは高畑勲や宮崎駿を発見したのと同時に、幸福なことに自分を発見できたわけですよね。そこに鈴木敏夫の、「ああ、俺はこういう人間と付き合うことによって、鈴木敏夫になれる」っていう実にドラマチックな出会いだったわけですね。

「それを決定づけたのはね、『じゃりン子チエ』なんですよ。大塚康生さんっていうアニメーターが僕らに対して好意的で、『アニメージュ』をやるなかで、大塚さんとは付き合いが多くなってきた。大塚さんが、まず宮崎駿を紹介してくれたし、『じゃりン子チエ』で高畑勲のことも紹介してくれたんですよ。いまだに僕は忘れないですけれど、高円寺の大和陸橋というところの角にあったビルの一室で『じゃりン子チエ』も『カリオストロ』もつくっていたんです。『じゃりン子チエ』をつくっている高畑さんを紹介してもらって、『鈴木といいます、いつぞやは電話で失礼しました、それで、ちょっとお話をうかがいたいんです、この映画の宣伝にもなると思いますから』といったら、大塚さんが『ここで話すのもなんだから、二人であそこの喫茶店へ行ってきたらどうですか』とかいって窓の外を指さすんです。大塚さんって本当に面白い人でね。それで外へ出て、そこの指さしたところへ行ってみたら、そこは喫茶店じゃない。それで『高畑さん、ここ、喫茶店じゃないですね』、『そうですね、僕もここは喫茶店だと思っていなかったけど、大塚さんがああいったから』っていって二人で延々歩いてね、やっと喫茶店を見つけて。それで、三時間しゃべるんですよ。それで僕の最初の質問は、要するに『アルプスの少女ハイジ』みたいな名作をつくってきた人がなにゆえ『じゃりン子チエ』なのか、まるで違う映画じゃないですか、で。そうしたら高畑さんが怒った。火が付いたんですよ。『僕の中で一貫していますか』って。『あなたがいっているのはね、アルプスの山と、今の大阪の下町が違うっていうことをいっているにすぎないんだろう。場所が違おうが同じなんですよ』っていわれて、それで三時間ぐらい延々しゃべる。高畑さんという人は、何しろ論理的で妥協を許さない人なんで、僕にとって、その三時間っていうのはものすごく大きかったんですよ。最後の捨て台詞《ぜりふ》を忘れないんですけれどね、こういわれたんですよ。『まあ、いろいろ話しましたけれど、原稿にならないでしょう』って。それで僕が、『まとめますから』っていったら、『まとめられるもんならまとめてみてくださいよ』っていわれてね。『ああ、そうですか。やりますからって』って。これが大きかったんですよ。で、そういう啖呵《たんか》を切った以上、やらなきゃいけない。その後、プロデューサーのとこへ行ってね、絵コンテを手に入れ、そして原作を買ってきて、一日だか二日の間に、僕ね、全部覚えるんですよ。絵コンテも、原作のコマ割りもせりふも、何もかも。それで、間がどのぐらいあったか分かりませんけれど、次に高畑さんと会ったときは、何でもしゃべれる状態に自分を置いたんです。それで高畑さんと議論が始まったんですよ。僕が『非常に原作を尊重して、この映画がつくられていて、非常に面白いんだけれど、なにゆえ原作の中にあったこのお母さんのエピソードを削ったんですか』といったら、高畑さんが乗ってきたの。『いや、スタッフからもその意見が多い。鈴木さんはなぜそう思うのか』といって。また延々。これ、毎日のようにやるんですよ。それで、その一ヵ月後だか二ヵ月後に映画が完成して、打ち上げパーティーというのがあって。それこそ毎日高畑さんに会っていたから僕も行ったらね──高畑さんってそういうところあるんですけれど──いきなりね、僕を見つけて頭を下げたんですよ。『ありがとうございました』って。それで僕もびっくりしちゃって。『あなたといろんな話をすることによって、僕はこの映画をどうやってつくったらいいかが非常に明快になった。そういう意味で、僕はあなたにものすごく感謝します』って。これですね。ちょっとこの仕事をやろうかな、っていうのは」

──そこで初めて、鈴木敏夫に対して鈴木敏夫としての認証行為が、高畑勲によってなされたんですね。

「そうです」

──鈴木さんは、「鈴木さんは鈴木敏夫でいいんだよ、あなたは」って初めていわれたんですよ。それで、鈴木さんはようやく俺はそういう人なんだっていうことがはっきりする。だから、なぜ鈴木敏夫は宮崎駿の横に八時間もへばりついたのかにも通じますけど、そこで宮崎駿に話しかけられなかったら終わりですよね。

「終わり。我慢比べですもん」

──鈴木さんは意味のない人という、そういう人生にいかざるを得ない。宮崎駿に認証されることによって、初めて鈴木敏夫は鈴木敏夫になれるんですよ。

「とにかく二人はいろんな本を読んでいるんですよ。頭に来てね。次から次へと買って、次から次へと読破するんですよ。読んでおかないとね、決定的なことをいわれちゃうんですよ。『鈴木さん、この本を知りませんか』って宮さんにいわれたときにね、『いや、読んでいないんです』っていったら、『無知ですね』って」

――宮崎さん、いいそう（笑）。

「頭来てね。それで僕、二人としゃべるときは、一語も漏らさず全部メモするようにしました。そして別れた直後に、喫茶店へ入ってそれを文章化するんですよ。それで、二人の考えている内容、それからしゃべり口調を、もう全部覚えました。それもこれもみんな頭に来たからですよ」

――というか、やっぱり否定されたんですよ、鈴木さんが。

「まあ、そうですね」

――鈴木さんは駄目ですよって否定されて、その否定されたことが残念ながら、鈴木さんはそのとおりだと思えてしまったわけですよ。これはいかんと。でも、うれしいことに、この宮崎駿・高畑勲とちゃんとした関係性をつくれれば、俺は本来の鈴木敏夫を回復できるぞっていう予感を鈴木さんは感じたんですよ。そこで頑張ったんですよね。

「そんなことを考える余裕もなかったですけどね」

――なかったと思いますけど、ただ、このまま否定されっぱなしだったら……。

「とにかく、そのままだったら明日はないですよ」

――そうです。だから、このまま宮崎駿と高畑勲に否定されたままだったとしたら、もう。

「終わり。ついでにいっちゃうとね、非常にエネルギーに満ちた二人だったけれど、もう一つ分かったのは、二人とも実は前向きだけの人じゃなかったですね。ちゃんと痛みは分かるっていうか、ちゃんと後ろを向いているようなところもあって、そこにほっとしましたね」

――最高の出会いですよね、結果的に鈴木さんにとって。

「後で振り返るとね」

――お二人は分かっていなかったんだけど、彼らにとっても最高の出会いだったですね。

「いや。まだ結論は出ていないんで」

――いや、もう十分出ているけれど、当時宮崎さんはきっとそう思っていなかったでしょうし、高畑さんも思っていなかったでしょうけども、すぐ思うようになりますよね。

「どうかな」

――で、また、そう思ってもらえているっていうことが、鈴木さんの生きる全てのエネルギーになっているわけだ。

「そうなのかな」

――なっていますよ。でも、それだけじゃない鈴木敏夫になっていくところが、また面白いんですけど。で、その後、鈴木さんは『アニメージュ』を主体に映画をつくれないかという発想になっていくんですけれども、その高畑勲、宮崎駿とのコミュニケーションというのは、その後どんどん進化していくわけですか。

「結局、宮さんとは『カリオストロ』から、高畑さんとは『じゃりン子チエ』から、ほとんど毎日会ってるんですね。要するに、映画をつくっていないときも会ってるんですよ。なんでかそれが習慣化したんですよ。それでなんか話をする。向こうもそれに応じてくれる。で、たまに仕事の話をする。そういう中で生まれてきたのが、『アニメージュ』の特集『宮崎駿　冒険とロマンの世界』です。それこそ宮さんだってすごい抵抗があったんですからね、その大特集をつくるのは。これも、僕が亀ちゃん（亀山修）に担当してもらっていたんだけれど、なかなかうまくいかないっていうんで二人で説得をしました、延々」

——なんで『宮崎駿　冒険とロマンの世界』をつくろうと思ったんですか。

「二人と付き合っていたら、二人と一緒にいることが面白かったし、つくるものが面白かった。そして、過去につくってきたものも面白い。そういうことを分かっちゃって、そうすると、ほかの人ともう付き合えなくなるんですよ。僕なんか、一番印象に残っている人の一人は、『ガンダム』をつくった富野由悠季さんで。僕はこの人にずいぶんお世話になったけど、この二人との出会いによって、富野さんと物理的に会う時間がつくれなくなるんですよ。そういうことでいうと、富野さんに対しては本当に申し訳ないと思っているんですけれどね、いまだに」

――異常ですよね。その毎日毎日、高畑勲と宮崎駿に会って。

「それが日課になっちゃったんですよ」

『ナウシカ』の現場で見たもの

――仕事はどうなるんですか。

「だから、その間できないんですよ。終わったあと、するんですよ。そういう日々になっちゃったんですよ」

――どう見ても異常だし、自分でも異常だと思いませんでした？

「そういうこと考えなかったですね。もうとにかくそれが面白くて。まあ、いろんなこと話してるんですよね、世間の話題。そうこうするうちにね、押井守なんていうのと知り合って、その押井守を二人に紹介するとか、そうやって発展していくわけです。そういう日々が楽しくてしょうがなかったんですよ」

――もう完全に青春と恋愛が一緒に来たみたいな感じですよね。もう好きな女の子二人もできちゃって、それと毎日毎日会っているみたいな。

「そうなんですよ。だから、二人一緒のときもあるし、それぞれ個別もあるけれど、要するに二人一日おきじゃないんですよ。必ず二人、どっちかとどっかで会っているんですよ。

すごかったですね。いっとき、『リトル・ニモ』（『ニモ／NEMO』）というのをつくるために高畑さん、宮さんがアメリカに行っちゃって、楽しい日々が寸断されたこともあったけれど、もうそのころには仲良くなっていたから、諸事情があって二人が帰ってきたあと、また再開。そんな中で、もう宮さんも仕事がなくなっちゃうんで、『ナウシカ』のマンガの誕生です」

——なんで宮崎さん、仕事がないんですか。

「東京ムービーのテレコムの社長が『リトル・ニモ』をどうしてもつくりたいということで、宮さんはそのスタッフだったわけですよ。それがアメリカへ行ってプロデューサーとけんかして宮さんは帰ってきちゃうわけだから、基盤を失ってしまったわけですね。あとで述懐して宮さんがいうには、もうアニメーションはつくれないって、思っていたみたいだし。そんなときに、『マンガでも連載しないか』って。この時期、徳間康快が、これからは音と映像と活字のメディアミックスだ、何でもいいから企画があるならいえ、といっていて、それで宮さんを交えて、いろんな企画を話していました。そんな中で、ほかの企画（『戦国魔城』）を進めていたら、映像制作企画委員会みたいなところで、原作がないものを映画にするわけにはいかんと。それを宮さんにいったら、『じゃあ、原作書きますよ』って、ここでマンガがスタートするんです。宮さんが持ち出してきたのが『ナウシカ』ですね。このころ大塚さん含め、みんなで宮さんの作品をつくろうという機運が出てきたんですね。でも、そんな簡単なもんじゃない」

——この『ナウシカ』っていうのは、もともと宮崎さんが発案で、「こういうマンガを描きたい」って、鈴木さんが「描いたらいいんじゃないですか」、みたいな経緯なんですか。

「じゃあ僕、原作を書きますよっていって、どういう企画がいいかっていうときに宮さんが出してきたんですよ。それはもともと彼が考えていたいろんな企画のうちの一つだったんですね。最初は『ヤラ』っていっていましたけれどね。途中で『ナウシカ』になるんだけれど。それでマンガ『ナウシカ』のスタートと」

——その企画を知って、鈴木さん的にはどういうふうに思われたんですか。

「どういうマンガを描くかっていうところから話したんですよ。それで自分が何をいったかよく覚えているんですけれど、『大河ドラマやりませんか』っていったのは僕でした。なんでかというと、そのころ少年誌はじめ、流行っていたマンガがみんなちまちましていたんですよ。ラブコメ全盛時代で。一番象徴的なのが『タッチ』。そういうのじゃなくて、もっと大きなドラマをやりませんかっていって。それで僕がいったのは、梶原一騎《かじわらいっき》の発明で、読み切り連載というマンガの描き方があるけれど、僕らはマンガ雑誌じゃないから、このマンガによって雑誌の人気が左右されるわけじゃない、だから好きなものを、面白いものを、連載だとかそういうことを意識せずに好きなように描いてくれと。そういったのをよく覚えていますね」

――鈴木さん的には、将来的にそれをアニメにするんだって思ったんですか？

「いや、それはあったんだけれど、『ナウシカ』をやることになって、描こうとしたときに、宮さんが僕に『鈴木さん、違うな、それ』っていい出したんですよ。要するに映画化を前提にマンガを描くというのは、マンガに対して失礼だと。『マンガはマンガとしてちゃんと描かなきゃいけないよ、鈴木さん』っていい出して。まあ、僕もそのときは、そのとおりだと思ったんですね。それで、宮さんがマンガとしてまず成立するものを描く。自分としてはもう映画化は考えないといいましたから。それで、そのことに対して、僕はそんなとやかくいわなかったですね。そのうち映画になるからなんてことも思わなかった。なんにも思わなかったんですよ。とある日、宮さんから電話がかかってきてね。『鈴木さん来て』というから、それで行ってみたら、今の『ナウシカ』の原形っていうのか、三種類のタッチで描かれたマンガがあって。何かなと思ったら、一番最初のやつは今の『ナウシカ』ですね。もう緻密に描いてあるもの。で、もう一つが『松本零士型』と宮さんはいったのだけれど、ほとんど描きこんでいないもの。で、もう一つはその中間。『この三つの中のどれがいい？』っていわれたんですよ。こっちだったら一日三〇ページぐらい描ける、こっちは一日一枚も描けない。で、その真ん中もあるっていって。『選んで』っていうから『これですかね』といったのが……」

――一番難しいやつ。

「うん。『これ生産性が悪いんだよ、鈴木さん』、『でもこれが一番いいですよ』、『まあ、そりゃそうだよね』っていって、始めるんですよ」

――鈴木さん的には、そのモチーフを聞いたときに、どう思いました？

「ちゃんと覚えているわけじゃないけれど。とにかく彼が何を生み出すかに期待したんですけどね。宮さんってあんまり説明しない人だから。だから、そのときは、もう何ができるかを待つ。だから、第一回目の原稿ができたときに、『へえ！』と思ったんですよ」

――まあ、一回目にもう既にあの世界観は現れるわけですけれども。

「あります。すさまじいわけでしょう。だから、面白いとかなんとかというより、こういうものをやるんだ、ということですね」

――それで鈴木さん的には、特にそれを映画にしようというのではなくて、マンガとして宮崎駿に自由にその世界を展開してもらおうというモードで進むわけですね。

「そうです。はい」

――で、実際にマンガとしてもとんでもないものになっていくわけですけれども、そこらへんを鈴木さんはどういうふうに感じていらっしゃったんですか。

「いや、もう本当に独立したマンガとして後世に残るものになればいいなと思っていました。実際に、宮さんにそういわれたこともあるんだけれど、とにかく余計なことを考えるな、映画化とかそういうことは、と。ところが、それを壊すのが尾形（英夫）なんです

（笑）。まあ、連載が始まって半年たってて、まだ終わってないころ、尾形が映画にしようっていい出すんですよ。ただしこの人は、『五分かな』みたいなことをいって」

——なんで五分なんですか？

「けちなんですよ（笑）。アニメグランプリっていうのを『アニメージュ』主催で、日本武道館で毎年やっていたんですよ。アニメーションの祭り。そこで上映するフィルムをつくろうといい出して。それで、まあ五分ということになるんですけれどね。僕としては、そんなことを宮さんにいうわけにいかない。やるんならちゃんと全部つくろうということでスタートするんです」

——鈴木さん的には、その映画をつくることに勝算はあったんですか？

「勝算も何も、尾形という人はいい出したらきかない。だから、彼の口を封じるには、『やるんならちゃんとやりましょうよ』しかなかったんですね。だから、いってみれば売り言葉に買い言葉」

——五分の映画をつくられるよりは真剣につくったほうが、っていうことですか。

「そうですね。それで何かエスカレートしちゃうんですよ」

——でも、尾形さんというのは、そんな面倒を見てくれる人じゃないわけですよね。

「火付け強盗の火付け役なんですよね（笑）。でも、いざとなると親身になってくれる人なんです。実際に『ナウシカ』を映画でやるときに、尾形の力は大きかったですよ。会社側の説得、その他含めて」

――これは、制作主体そのものはどこになるんですか。

「だから、これが本当に困ったんですね。つくることにはなったけれど、じゃあ、どこでつくるんだと。まず、僕は宮さんに聞くわけですよ。宮さんを説得して、宮さんもやる気になったから、条件はあるかと。そうしたら、高畑さんをプロデューサーにしてほしい、条件はこの一個だけだと。それで、高畑さんの説得ですね。僕は高畑さんのところに一ヵ月とにかく毎晩通って、しかし高畑さんはああでもないこうでもないと。しかも、高畑さんはしゃべったことをあとでノートに整理する。一ヵ月後に気付いてみたら、プロデューサーとは何かという大学ノートが一冊できていました。世界のいわゆるプロデューサーとは何かというところから始まって、それは映画のみならず演劇その他に及ぶまでいろんなタイプが含まれて、さらに、その中で日本のプロデューサーっていうのは何なのかを語りつくしたあと、最後の一行、『だから僕はプロデューサーには向いてない』って書いてあったんですね。ほんと、ひどいと思った」

――でも、ほんとにロジカルな人なんですね。

「そうです。で、まあ、そこで僕は諦めかかっているんですよ。それで宮さんのところへ行って、なんで宮さんが高畑プロデューサーにこだわるのか、それはどこまで真剣度があるものなのかと。そのとき二人っきりだったんですけれどね、珍しく宮さんが、ちょっと飲みに行きたいっていい出して、居酒屋へ行って、それで浴びるように飲んだんですよ。それで気が付くと、もともと涙もろい人なんですけれど、泣き出しちゃってね。何かなと思ったら、『自分の青春を十五年ささげた俺は、高畑さんに何も返してもらっていない』っていう。びっくりしちゃって。それで、挙句の果てに『うらみだ!』といったんですよ」

——深いですね。

「で、それを聞いたら僕もあとには引けなくなってね。それで次の日、高畑さんのところへ行って、気が付いたらでかい声を出してました。僕、高畑さんの前ででかい声を出したのは、後にも先にもこのとき限り。要するに、あなたにとって宮さんっていうのはどういう人なんだと。友人だろうと。共同事業者っていうだけじゃなくて、それを超えて友情があるんでしょうと。宮さんは困っているんだと。それをなんでこうやって理屈を付けて断るんだ、っていったら、まあ、大きな声を出した効果もあったんでしょう、『分かりました』とあっさりいって。で、返す刀で『拠点はどこですか』って。僕は、『拠点?』っていったら、今度は高畑さんが怒り出しちゃって。『あなたは宮さんに全部おんぶにだっこで映画ができると思っているんですか』って。すぐ形勢逆転」

——(笑)。

宮崎作品を一番分かっていないのは、僕

「拠点が必要だ、どこでつくるかだと。そして当然スタッフの問題もある。それは、制作費うんぬんだけじゃない。こうして、東映とか、彼らがかつて在籍した日本アニメ、東京ムービー、各社回ることになったんです。ところが、どこも引き受けてくれないんですよね。で、理由を聞いたら、ある人が教えてくれましたけれどね、二人は確かにいいものをつくってきた。しかし、二人がいいものをつくったあとは、会社が駄目になっちゃうと。だから、あの二人が一生懸命やると大変なんだと。それをいわれているときにね、亀山が教えてくれたんです、取材で知り合ったトップクラフトっていう会社があると。原（徹）さんっていう人が主宰していて、この人がアメリカの下請けをやっていた。で、この原さんは、なんと、実は『ホルス』のプロデューサーの一人だったんですよ。そんな縁もあって、『宮さんの新作をやるんなら』っていうことで。ちょうどそのときスタジオに余裕があることもあって、それで今の『ナウシカ』がスタートするんですね。それで、宮さん、高畑さんと一緒に、原さんとこへ行って……あの最初の会合を僕は忘れられないですけどね、宮さんが、『〈ホルス〉以来十何年ぶりにこうやって再び一緒にやるっていうのも何かの縁だ』っていったときに、高畑さんが怒ったんだよね。『宮さん、関係ないことをいうべきじゃないよ。縁なんてなんの関係もないじゃないか』って。それで宮さんはうなだれ

て（笑）。高畑さんらしいでしょう。僕もそのとおりだなと思って。そこからです、この人はなんちゅう能力のある人だと思ったのは。一つはね、映画をつくるためにどのぐらいのお金が必要か。まあ、高畑さんの合理精神にのっとった予算書のつくり方が圧巻なんですね。映画全体がこれだけだとしたら秒単価はこのぐらいだろうとか、そういうのを積み上げ方式でやっていくとこれぐらいのお金がかかるっていう。それで現実もちゃんと踏まえているし、夢のプランをつくるわけじゃないんですね。それと同時にトップクラフトのスタッフに関して……実はトップクラフトというのはね、小なりといえど全工程を抱えるプロダクションで、企画もさることながら原画、動画、それから仕上げ、そして美術と撮影まで全部いたんですね。正確な人数は覚えてないけど、たぶん六十人ぐらいいたと思う。そこで高畑さんがいい出したのはね、要するに宮崎アニメをつくるのに、このスタッフが本当にふさわしいかどうか。合う人とそうじゃない人といるだろうから、申し訳ないけれど、あるテストをやらせてもらえないかって。で、これがあとで考えると大変なことなんですけど、原画、動画、美術、皆さんに高畑さんが問題をつくってテストしていくんです。でも、原画の人はほとんどがそれに受からない。それで、美術はどうかというと、『いや、この人じゃ無理だ』って。撮影はここのスタッフでやるしかない。色はどうなんだろう、『いや、これじゃあできないから』って、要するに主要スタッフが全部お眼鏡にかなわないわけですよ。それで高畑さんがいい出したのはね、『鈴木さん、これじゃあ映画はつくれない。スタッフが足りないから探してきて』って。それで作画監督は小松原（一男）さん、それから美術の中村光毅……要するに、そういう主要スタッフを決めていく。で、原画マンもいないから新たに探さなきゃいけないわけですよ。それで金田伊功、なかむらかし、その他、いろんな原画マンにお願いする。高畑さんも一緒になって説得に行ってくれて、混成部隊が出来上がって、それでようやくスタート。当時ね、『カリオストロの城』で実質四ヵ月、『じゃりン子チエ』だって三ヵ月か四ヵ月でつくった。そういうことでいうと、高畑さんとして踏んだのは、六ヵ月あればなんとかなるだろうと作画期間六ヵ月と決める。で、やっていくんだけれど、それがなかなかうまくいかなくて。要するに、ほんと、最後、土壇場になって、できるできないで大騒ぎですよ。ある日、宮さんが、鈴木さんちょっと相談がある、主要な人を全部集めてくれないかと。これじゃあこの映画はできないっていって。それで、どうしたらいいんですかっていったらね、宮さんが、申し訳ない、今の絵コンテのままでは本当にできないって。ただ、もう少し大きな構想がその絵コンテの中に含まれていたんです。それを実現するには、時間が足りない。それで高畑さんにね、プロデューサーとしての意見を聞いたら、高畑さんは黙るんですよ、そういうとき」

――ははは、ずるいっすね。

「それで沈黙して、口火を切ったと思ったら、『できないものは仕方がない』っていったんですよ。この一言って大きいでしょう。そしたらまあ、宮さんがまあ、プロデューサーがそういうことをいうならね、これ以上話してもしょうがないと。この会は解散したいと思いますっていって、それで終わる。それで宮さんは、絵コンテの改変ですね。これ、実は『カリオストロ』でもやっているんです。『カリオストロ』なんかも、最後、ローマ水道の破壊っていうのがあって、その水中のシーンは残念ながら実現しなかったんですよ。『ナウシカ』の場合も、その大きな構想を諦めて、やっと完成。その一方、音楽もね、久石（譲）さんの起用とか、本当にいろいろあったんですけれど、これは高畑さんの大活躍です。そういうことでいうと、高畑さんが『ナウシカ』においては、ほんと、誰も見たことがないぐらい有能なプロデューサーをやったと僕は思っているんですけど。映画の完成から公開まで一週間しかなかったですから。一つの事件が起きたのは、映画が完成して、ヒットしたあとのことでした。それは何かというと、トップクラフトに元からいたスタッフが辞表を出すっていう事件が起きるんですよ。要するに、『ナウシカ』をやったことで、本来の仕事ができなかったわけでしょう。そうすると、ここで続けていくっていうことが非常に難しくなっちゃって、気が付いたらスタッフが誰もいないと。それでトップクラフトは、『ナウシカ』をつくることによって実質的には消滅してしまいました。それもこれも高畑さんがテストをしたいといったこの一言ですね。そういうことでいうと、やっぱり作品づくりっていうのはそういう厳しいものなんだなっていうことを思い知らされました」

——そこでの鈴木さんの仕事は、どういうものだったのですか。

「僕はね、要するに、高畑さんのプロデュースの手伝いですね。高畑さんに原画マンを探せっていわれたら、それを探すとか、それから、お金が足りなくなったっていったらね、徳間書店から持ってくるとか。二回ぐらいありましたからね、追加予算が。それから現場で、ラストシーンをめぐって僕と高畑さんで話して、最初に描いた宮さんのラストシーンは違うんじゃないかっていうことで描き直してもらうよう依頼するとか。ほんと、いろいろありましたけどね」

——その中で、鈴木さんとしては、高畑勲のアシスタントをやりながら、ああ、高畑勲っていうのはすげえなと思いつつも、「俺ならこうやるのに」っていうのは……。

「ない」

——ない？

「全部、やり方は見せてもらったんですよ。だから、むしろ逆ですね。真似ができないですよ。すご過ぎるんです。有能を絵に描くとこうなる。宮さんが本当に台詞《せりふ》で困ったときとか、そこで有効な意見がいえたのは高畑さんだしね。だから、そこは監督高畑勲としての指摘もできたし、提案もできた、アイデアも出せた。それを宮さんは受け入れたしね。それは有能ですよ。ちょっとやそっとの有能さじゃないですね」

――それを見て、鈴木さんとしては、「ほんとにすごいな、この人は」って感じ？

「そうですね。よく立場を変えてこんなふうにできるなっていう」

――自分の監督作品で、なんでそれができないんですかね（笑）。

「宮さんが高畑さんに対して怒ったのは一回だけでしたね。『宮さん、このままいくと間に合わない』と高畑さんがいい出した。宮さんが珍しく怒りを顕わにした。自分のときには、そんなことオクビにも出さないのに。高畑さんのいうことは正しいわけですよ、理屈の上では。確かに間に合わないんだから、『だから宮さんなんとかしなきゃ』とかいい出して」

――高畑さん、ご自分が監督の場合は、どういう回路が働くんでしょうね。

「別人になるんですね（笑）」

――でも鈴木さん、今おっしゃったようにトップクラフトは解体してしまうわけですよね。

「つらい現実でした」

――プロデューサーとしては、本来は制作母体も守らなければいけないわけで。そこにおいては、高畑さんは完全ではなかったわけですよね。

「いや、やっぱり高畑さんは後に『天空の城ラピュタ』のときにジブリをつくろうっていい出すんだけれど、そこで高畑さんが出した方針は、企画ごとに人を集める。終わったら解散。だから、あの人は、そういう意味じゃびくともしてないですね。『作品づくりにおいては、そういうことも起こるんだなあ』というのが率直な感想でした」

――出来上がった『ナウシカ』を見て、鈴木さんはどう思われましたか。

「『ナウシカ』に関してはね、もうスタッフの一人として内容に踏み込んでいるでしょう。そうすると、自分たちが思っていたことがどのぐらい実現できたか。その観点なんですよね。そのときは、とにかくやれるだけのことはやったという達成感のほうが大きくて、だから映画としてどうだったかという感想はないですね。『ナウシカ』のブルーレイをつくるときに何十年ぶりかに見たんですけど、そうなれば冷静に見られるかな、映画として楽しめるかなと思ったら大間違いで、そのカットごとに何が起きたか全部覚えているんですね。そうしたら、やっぱり楽しめないですよ。と同時に、映画としての評価も分からない。だから、そういうことでいうと僕、常々思っているんですけれど……あまりいったことはないんですけれど、もしかしたら宮崎作品を一番分かっていないのは、僕じゃないかなっていう」

――ははは。

「だって、映画として楽しんだことはない。うまくいくかどうかだけ。やろうとしている内容は分かっていますけど」

――そうやって『ナウシカ』の製作にスタッフとして関わりながら、当時は『アニメージュ』の副編集長もやっているわけですね。自分の中で仕事の配分とかやりがいとか、そういうものはどういうふうに変わっていったのか、変わっていかなかったのか。

「いろんな理屈は付けられたんですよ。このナウシカをやることが、ひいては『アニメージュ』のためにもなる。でも、それを貫徹できたのは『ラピュタ』まででしたね。『となりのトトロ』と『火垂るの墓』あたりから怪しくなる。どっちが目的なんだ、って。で、編集部のみんなからも突き上げられました。『ナウシカ』、『ラピュタ』はね、その内容が『アニメージュ』っていう雑誌に見合っていたんですよ。ところが『トトロ』、『火垂る』は、これは『アニメージュ』にはなんの関係もないだろうと。それになんであなたは力を入れるんだと。しかも、雑誌を私物化している。『トトロ』と『火垂る』を大特集して。これはスタッフから相当文句が出ました」

――鈴木さんの中ではどういいわけしてたんですか。

「いいわけはないですよ。『何が悪い！』ですよ。開き直ってましたね」

――でも、自分の中では、何か変わっていくっていうのは気付いてたでしょ。『ナウシカ』に関わったことで、自分が宮崎さん、高畑さんの深みにはまっていっているなという。

「なかった。まったくなかったですよ。で、ついでだからいっちゃいますと『ラピュタ』のときは、本当のことというと、困ったんですよ。要するに、『ナウシカ』はほんとに楽しかった、面白かった。ところが徳間書店が続けて二作目をやろうっていったとき……あの『ナウシカ』の成功を支えたのは、徳間書店だけじゃなくて博報堂でもあるんですよ。そうすると次の作品はね、徳間書店が独り占めしようとするんですよ。博報堂を外すっていい出したんです。で、僕、それは違うんじゃないかなと思ってずいぶん抵抗したんですけれどね、聞き入れられなくて、そこらへんからちょっと嫌な気持ちが生まれましたね」

つくるだけで精いっぱい

——ちょっと話を戻しますよね。『ナウシカ』が公開されて大ヒットをしますよね。

「はい」

——その事実を鈴木さん、高畑さん、宮崎さんはどう受け止めたんですか。

「それについて話し合ったことないんですよ。あんまりそういうことしない連中なんですね。だから、分からないけれど、『やるべきことは果たした』と。その感覚が大きいんじゃないかな」

——だって、期待以上のヒットですよね。

「考えてなかったんですよ。ある意味、期待をしてないんですよ。つくることが目的だったから。それをお客さんに見てもらってヒットしたほうがいいとは思ってたけれど、それはなんとなく考えてただけで、どのぐらい来てほしいとか、どのぐらい入ったらペイするとか、何も考えてなかったんですよ。だから、とにかくつくることだけでしたね。で、変ないい方だけれど、つくればある程度来てもらえるんだろうなと楽観的に考えていました。

お客さんは九十二万人じゃないですかね。今だとたぶん、十何億円ですよね。だから、そういうことでいうと大ヒットですね。でも、お金を出す側や配給側から来る無理な注文をはね返してきたために、つくり終わるところで精魂尽き果ててるんですよ。例を挙げれば『風の谷のナウシカ』では売れない、『風の戦士ナウシカ』にしろとかね。そんなもんバカやろうですよね。けんかしましたしね。キャッチコピーなんかもくっだらないやつがあった。僕、宣伝なんかね、ほんとは要らないと思ってたの。『火の七日間が世界を変えた』とかそういうのはかっこいいでしょう。ところが、『少女の愛が地球を救う』、ああいうのを見るとうんざりしたんですけどね、まあ、ちゃんと見てもらえればそれでいいやと思って」

——これは日本のアニメ史を変えるというか、日本の映画史を変えるようなすごい作品になったわけですけども、そんなものをつくっているっていう実感も気負いもない？

「そういう気負いはなかったですね」

——でも、大ヒットしただけではなく、高い評価も得たと思うんですが。

「だいたい宮さんもそうだし、実は僕もそうで、論評をあんまり読まないんですよ。けなしてるやつや、褒めてるやつ、いろいろあるんでしょうけれど、ほとんどそういうことを意に介さないんですよね。それよりも自分たちがやりたいことを達成できた、その満足感のほうですね。それはあくまでもじわっと感じるものであって、それ以上のものではない。

採算分岐点が最初から決めてあって、それをクリアできたとかね、そういうことも考えなかったんですよ。第一、どんだけお客さんが来ればクリアできるかも計算してなかったんですよ。そのぐらい、つくることだけでした」

――それ、高畑さんはプロデューサーとしてまずくないですか。

「高畑さんもそうでしたね。ほんと考えてなかったですね。どのぐらいお客さんが来れば採算が取れるのかとか。僕だって、そういうのを本当に意識するのは、ずっとあと、『魔女の宅急便』ぐらいになってからです。ほんとにつくるだけで精いっぱいというか、そこで精も根も尽き果てる。それが『ナウシカ』であり、『ラピュタ』であり、『トトロ』、『火垂る』、そして『魔女』ですね」

――で、次に『ラピュタ』をつくるまでの間に、スタジオジブリができるんですけれど。

「あのね、徳間康快って非常にユニークで面白いんですよ。『ナウシカ』がヒットした。そうすると普通だったら『〈2〉をつくれ』でしょう。そういうことをいわない人なんですよ。と同時に、また何かつくれともいわなかった。なんの注文もないんですよ。それで、『ナウシカ』という映画は、僕がそういうことをやっちゃったんですけれど、監督である宮さんのところにある権利を発生させて、お金が入るようにしておいたんですよ。それがなんと六千万円。そのお金を見た宮さんはびっくりですよね。『鈴木さん、どうしよう？』ですよ（笑）。これで家でも新築したらスタッフからバカにされるし、車を買うこともできない。で、そのころ、今度は高畑さん中心に、地方都市の柳川を舞台にした、『青い山脈』みたいな青春映画をつくろうっていう企画があったんです。あの尾形さんが『青い山脈』をやってみたいっていい出して」

——尾形さん、ほんとに出てきますね(笑)。

「出てくるんですよ。それで、やっているうちに高畑さんが、『これ、アニメーションにやっぱり向いてない、やれるんだとしたらドキュメンタリーかな』っていい出して。題して『柳川堀割物語』。『そんなもの、誰がお金出してくれるんだ?』なんてやっているときに、宮さんのとこにお金が入った。それで僕が宮さんにね、『あそこへお金出せば?』っていったら、『うん、それならいい』っていうことになって、スタートするんですよ。で、これがすんなりできてればなんの問題もなかったんですけれど、何しろ半分もできないうちに高畑さんがお金を使い切った。これが『ラピュタ』誕生のきっかけなんですね。宮さんが、『どうしよう、お金、もうないんだよ。俺、ぼろい家だけど、あれを抵当に入れるのは嫌だよ』っていうから、『もう一本映画つくりますかね、そうすりゃ〈柳川〉もなんとかなるんですけれど』って。『じゃあ、鈴木さんなんとか頼むよ』っていうので会社に話して。『ラピュタ』なんですよ。すらすらっと、『こういうお話はどうか』っていって。最初、『少年パズーと飛行石』とかいうタイトルだったんですけど、『そういうものって最近ないから面白いんじゃないですかね。でも宮さん、なんでそんなすらすら出てくるんですか？』っていったら、『いや、小学校のときに考えた話なんだ』っていうからね」

——ええっ⁉

「それで僕は、それを持って会社側にいうわけですよ。要するに尾形に、そして社長に。そうしたらすぐ『やれ』なんですよ。それでやることになるんだけれど、さっきいったように、博報堂を外して徳間書店だけでお金を出すってなったときに、僕はほんとに嫌な気分がしたんですよ。だってそれ、今度は儲けにいこうってことでしょう。そんなことに加担するのは嫌でした。ばかばかしいというか」

——そして、いよいよジブリがつくられるわけですよね。

「そうです。トップクラフトがなくなっちゃったからまた同じことの繰り返しなんですよ。拠点がない。東映へ行って、日本アニメへ行って、東京ムービーへ行って。そしたら日本アニメのある人がヒントをくれたんですよ。『じゃあ、うちがやりましょうか。前回も断っているからその代わりに』って、『高畑、宮崎の二人が頑張って会社がややこしくなるとあれだから、別にどこか場所を借りて、そこで僕らが協力しますよ』っていわれたんです。でも、高畑さんが、それなら自分たちでつくったほうが合理的だと。それでジブリの発動なんですよ」

「向こう十年面倒見てください」

――そのアイデアを聞いたときに鈴木さんはどう思ったんですか。

「あんまり深く考えなかったですね。必要だから会社をつくろう、ですよ。会社をつくって作品をつくろうじゃないんです。作品をつくらなきゃいけない。で、場所がないんだから、そのために会社をつくらなきゃいけない。それでいろいろあってジブリって名前にしようと。徳間康快の了解も得た。で、総務へ聞きに行ったんですよ。会社をつくりたいんですけど、誰がやってくれるんですかねっていったら、その総務の責任者に『それはおまえだろう』っていわれたんですよ」

――（笑）。

「『ええっ？』って。雑誌はつくったことあるけど、会社はつくったことないわけだから。それで初めて自覚するんですね。『あ、そういうことなんだ』と思って、慌てて株式会社のつくり方の本を買いに行ったんです。高畑さんとジブリをつくることになったのはいいけれど、場所の問題が出てくる。そして責任者の問題。場所の前に高畑さんが、スタジオをつくるのはいいけど、そこの責任者をまさか鈴木さんがやるわけにいかないでしょうと。で、誰がいいだろうって、僕がいろんな人に打診したんですけど、ところが誰も引き受けてくれない」

──そうでしょうね。

「これだと思った人がみんな断るんですよね。そうしたら高畑さんがね、一人、有能で余ってる人がいるっていい出したのが、トップクラフトの原さんなんですよ。それで原さんに話を持ち掛けたら二つ返事で引き受けてくれて。あとで原さんは後悔するんですけどね。それで、場所はどこがいいかってことで、三人で不動産屋を回るんですよ。一軒一軒。宮さんができれば中央線沿線がいいっていうので、高円寺ぐらいから始めましたね。原さんがスーツで、僕と高畑さんがジャンパー姿。一日目にぐるぐる回っても全然見つからなくて、不動産屋さんがジロジロ上から下まで見るんで、僕は高畑さんにいったんですよ。高畑さん、結構な年齢だと。で、このジャンパー姿はやっぱりふさわしくないと。そしたら次の日、高畑さんがジャケットを着てきてね。これならなんとかなるかもしれないなんていって、いろいろやってるうちに、吉祥寺で決まるんですけれどね」

──鈴木さんとしては、ジブリをつくるっていうことは、そんなに大きなことだとは思ってなかった？

「思ってなかったですよ。会社なんて、そんなに難しいもんじゃないだろうと、なんとなく思ってました。今になってその重さを感じてます」

──じゃあそれこそ、『ラピュタ』をつくったら解散ぐらいの感じでした？

「そうは思ってなかったですよ。僕は、実をいうと、前に徳間康快に頼みに行ったときに、

『向こう十年面倒見てください』っていってるんですよ。で、大川博っていう人の故事を僕は持ち出すんですよ。大川博って、東映動画を始めるとき、向こう十年やりますと。で、一年に一本ずつ長編をつくる、そして私は東洋のディズニーになるって。それで東映動画がその計画の下、あの隆盛を迎えた。そのあと、さっきの『ホルス』が原因でつくれなくなるんですけれど。そしたら、『バカやろう、一本やってうまくいくかどうかだ』っていわれてね。なんだこの人、大物かと思ったら小物だな、と思ったのが僕の印象でしたね」

──徳間さんとしては、長期ビジョンじゃなかったんでしょうね。

「ない。行き当たりばったりですよ」

──『ナウシカ』が当たったから、これでやめる手はねえだろうと。

「そうです。まあ、そんなこんなもね、高畑さんはやっぱり分かってたんでしょうね。だから企画ごとに人を集めて、終わったら解散。だから、たった三人だけの会社にしようっていって。そういう計画は全部高畑さんが考えてくれた。でも、高畑さんの面白さはここからなんです。何しろ会社をつくるわけでしょう、あの人が印鑑を持ってこなきゃいけないじゃないですか。原さんもさることながら、宮さんにも役員になってほしいっていうと、宮さんはオーケー。高畑さんはね、むにゃむにゃいっているんですよね。で、その当日、宮さんに、『つくり手は会社の役員になんかなるもんじゃないよ。つくり手は自由でなきゃいけない』って。宮さんだってびっくりして、『え、パクさん（高畑の愛称）やんないの？』っていう。すごい人ですよ」

——で、結局、高畑さんはやらないんですか。

「やらない。まあ、いろいろあってジブリが独立するときに、初めて株主になってくれましたけどね、これによって責任が生まれるからって。だから僕なんか、やっと一矢報いたなって思っているんですけどね」

——そしてジブリができて、『天空の城ラピュタ』の制作そのものは、『ナウシカ』ほどは大変ではなかったんですか？

「宮さんとかつて一緒に頑張ったいろんなスタッフが、いろいろなところにいたでしょう。そういう人たちが集まってきてくれたんですよ。つまり、『ナウシカ』のときの寄せ集め軍団とは違ってたんですよ。ある時期、宮さんが手ほどきして教育した連中なんですよね。だから、より充実したスタッフでつくることができたんです。そういう仲間と一緒につくれたのは、一番大きいですね。というのも、高畑、宮崎がいたテレコムはすごかったんだけれど、二人がいなくなったテレコムからは、みんながやめ始めたんですよ。で、『ナウシカ』のときはまだやめてなかったんだけれど、『ラピュタ』のころは、みんな会社をやめてどこかへ行こうかな、みたいな、ちょうどその時期に当たったんです。それで、その人たちにも手伝ってもらうことができた。しかし、終わったら解散でしたから、『トトロ』、『火垂る』をやろうってことになって、その人たちにもう一回声をかけることになりました」

——『ラピュタ』は、また高畑さんがプロデューサーをやるんですけれども。

「そうです」

——ここでも『ナウシカ』並みに働いてくれるんですか？

「いや（笑）」

——いきなり「いや」ですか（笑）。

「だって、つくる理由は『柳川堀割物語』ですからね。不純な動機があるわけだから、僕も今回は高畑さんにプロデュースをやってくれっていうときに、頼み方がぞんざいになるんですね。『高畑さん、分かってますよね。プロデュースやってくださいよ、理由があるんだから』って」

——仕事はしてくださったんですか？

「大事な局面ではちゃんとやってくれましたよ。それこそ、この映画から、ジブリの本格的なタイアップっていうものがスタートするんですよ。東芝と味の素かな。そういうのをどうやって進めていくかっていうときに、高畑さんの力は大きかったですね。作品を守るために、何もクライアントに渡さなかったですからね。だから僕は、高畑さんから学んだっていうんでしょうね。例えば、味の素、東芝と契約するときに、向こうはいろんなものを使わせてほしいでしょう。何もかも全部要求してくるわけですよ。でも、その契約書に対して高畑さんが許諾したのは、ロゴのデザインだけ」

――（笑）。

「これはすごかった。『あ、これが契約か』って、僕は初めて勉強したんですね。向こうは、『何だこれ』ってやつでしょう。すごかったですよ」

――でも、それを通せたんだ。すごいですね。それは、高畑さんが通したんですか。

「それはかなり僕がやりましたね。電通と付き合って、そこで勉強するんですね」

――そうすると、そのへんから鈴木さんのプロデューサー補みたいな仕事が本格化するっていう感じですか。

「作品をつくる現場以外の仕事に限っていうと『ラピュタ』からがそうでしょうね。僕があとから振り返るとね、映画っていうのはテレビと違って商業主義じゃなかったんですよ。テレビはただで番組を見ることができる。しかしそれにはスポンサーがくっついているわけだから、商業主義が当たり前なわけでしょう。ところが映画は、独立した作品で、クライアントその他はくっつかなかったんですよ。ところがそこにクライアントをつけるっていう考えを電通が持ってきた。『ラピュタ』は、おそらく僕の知る限り、日本の映画でそういうことをやった初めての作品ですね。だから僕は、そこでいろいろ学んで、あとでレポートを書いたりするんです。実は、僕は、『ラピュタ』のときは、若干のお金を、制作費の補塡としてスポンサーからもらったりもしたんですよ。だけど、やっぱりお金を出した以上、みんな取り戻そうとする。そのことがこのときに分かるんです。だから、タイアップをやるときっていうのは気をつけなきゃいけない。『トトロ』と『火垂る』以降は、タイアップといっても、一切お金は発生させないと決めるんですよ」

――やっぱりそこで作品の純粋性を保つのはなかなか難しいんだなっていう。

「そうです。だから実をいうとこれは、あとで考えるとほんと悩ましいんですけれどね、ぎりぎりのところまでこちらも粘るんだけれども。実は当時のことをほとんどの人は覚えてないと思いますけれど、味の素から『ラピュタジュース』っていうのが出てるんですよ。一つ間違ったら、ジュースが映画になったみたいな感じがしてしまう。これを避けるために宣伝するなっていう、わけの分からないことをやらなきゃいけなくなるんですよ。そうすると向こうは、『え?』っていうことで目を白黒させることになるでしょう。共存共栄をもくろんだんだろうけれど、僕らはそれに応じることはできなかった。それによってタイアップは、実質的には、うまくいかなかった」

――制作そのものは、わりと順調にいったんすか?

「わりと順調にいったんですね。『ラピュタ』は。気心知れたスタッフだったたってことがあって」

――で、またヒットするんですけれども、これはどうなんですか。鈴木さん的には。

「これに関してもまだ宣伝に目覚めてないし、興行成績も、誰かがやるもんだと勝手に思ってましたね。それでトントンになればいいんだろう、みたいな感じですよ。作品をつくりたかったんですね、やっぱり」

「おばけだけだと思ってたら、墓までくっつけるのか」

――続いて、それを踏まえて、『トトロ』と『火垂る』になるんですけれども。

「僕は、簡単に考えていたんですよ。企画って出せば通ると。そうしたら『トトロ』は反対されたんですね。要するに昭和三十年代の日本が舞台で、おばけと子どもの交流の話でしょ。お金を出す人たちはみんな、嫌なことばっかり思い出すから、日本の昭和三十年代なんて嫌なんですよ。宮さんと高畑さん、そして当時徳間の映画の責任者の山下（辰巳）さんっていう人と、尾形も入れて五人でご飯を食べたときに、そこであらためてその人に頼むんですよ。山下さんは当時、専務でしたけれど。そうしたら、『おっしゃるような作品はなかなか難しい』と。その山下さんが率直にいったんですよ。『やっぱりやってもらいたいのは、〈ナウシカ〉とか〈ラピュタ〉、ああいう外国の名前のやつですって」

――（笑）。

「実は、これを、宮さんを前に、高畑さんが翻訳するんですよ。『専務のお考えはたぶん正しい』って。要するに、『ラピュタ』とか『ナウシカ』、外国の名前っていうのはどういうことかっていったら冒険活劇ってことでしょうと。そうすると、それは宮さんの得意技だし、お客さんもたぶんそれを望む。そういうことでいえば『トトロ』は、必ずしもファンが求めるものではないっていい切るんですよ。しかし……ってここからなんですよ。高畑さんが宮崎駿本人を前にしていいうんです――『トトロ』は永久につくれないんでしょうか。これ、高畑さん的でしょ? そうしたら、専務が困ったんですよ。困ると同時に、『じゃあ、ビデオでどうでしょうか?』って。それで、その場は解散ってことになるんですけれどね。とにかく社長である徳間康快はじめ、みんな反対だったわけですけど、何かいい手はないかなと思ってたときに、新潮社の初見(國興)さんっていう方が、僕の友人を通して『会いたい』と、僕の家までやってきたんです。要するに、新潮社の当時の社長、佐藤亮一さんから命令が出たと。マンガかアニメーションを新潮社としてやりたい。それで、君がその担当だ、それをまとめろといわれたんだと。それで『鈴木さん、申し訳ないけれど、僕は鈴木さんたちのやっていることにいちゃもんつけるつもりはないけれど、僕は、新潮社がアニメーションとマンガをやるのは反対なんだ』と。で、『鈴木さんに一番聞きたいことは、どうしたら社長を諦めさせることができるか』と」

――ははは。

「ってことをいわれている間に、僕は、『火垂るの墓』を思い付いたんですよ。僕、十八歳のときに『火垂るの墓』を読んで、大好きだったから。それで初見さんに『火垂るの墓』はどうでしょうか、と。あれをアニメーションにする。しかも徳間が『トトロ』をつくり、新潮社が『火垂るの墓』をつくる。二本同時公開っていうことになれば話題性も出る。僕には『トトロ』を成立させたいというのと同時に、高畑さんにも映画をつくってもらいたいっていうのがあったんですよ。それで彼に提案したら、まあ、最終的には彼がそれに乗ってくれて、一緒につくることになるんですね。そこで尾形がまた顔を出すんですけど（笑）。『ナウシカ』、『ラピュタ』と成功したあと、尾形が高畑さんに向かって、高畑さんも監督なんだから映画やりませんかと。尾形っていう人は、相手の考えを斟酌《しんしゃく》しない男で、しかもこういったんですよ。日本が戦争に負けて、大人たちが自信を失っていたときに子どもたちだけは元気だった、そういう映画をやりませんか、って。つまり、そのとき自分が子どもなんですよ。だから、自分のことをやってくれっていっているんですよ。すごい人なんですよ。そうしたら、高畑さんがある本を持ってくるんですね。高畑さんも乗り気になってくれて、その本を二人で検討するんですけれどなかなかうまくいかない。高畑さんが『やっぱり難しいかな』っていい出したときに、僕が……尾形がいってたことと逆なんですけど、『火垂るの墓』は知ってますか？　っていったら、『いや、読んだことはないけれど内容は分かる』と。『あれ、どうですかね？』っていったら、高畑さんが、『読んでみる』って。それで読んだあと、『やります』っていってくれたんですね。それで僕は、初見さんに会ったときにその話を持ち出したんです。新潮社に原作があったよなと思ったんですよ」

――すごいですね。もはやプロデューサーですね。

「まあ、そのときはプロデューサーになってますね。それで僕は専務にね、『トトロ』で駄目だったら『火垂る』をくっつけてやりませんか、っていっているんですよ。そうしたらその専務、ほんとに怒っちゃってね。『おばけだけだと思ってたら、墓までくっつけるのか』っていわれて（笑）」

――（笑）。

「とはいえ『トトロ』をつくるのはなかなか難しいと思ってたから、僕、その初見さんに一つだけお願いしたんですよ。事前に話はしておくけれど、佐藤亮一社長から徳間康快に電話を一発入れてもらえないだろうかと。それがあれば、たぶん徳間は踏み切ると。要するに新潮社と徳間が一緒になってそれぞれ映画をつくって二本立てで公開する。何しろ歴史は新潮社のほうが古いわけで、出版社の社長というのはとかくそういうことを気にしてるから、新潮の佐藤亮一社長に頼まれたとなればね、これに乗り出すはずだからって。それをね、ほんとにやってくれたんですよ。それであとはトントン拍子に行って」

――『トトロ』は鈴木さんがやってほしかったんですか？

「『トトロ』の企画は、もともと一枚の絵を、宮さんが描いてたんですよ。あのバス停のトトロの絵です。『これを映画にすると面白いですよね』って僕、いってたんですよ。でも、宮さんにはちょっと忸怩《じくじ》たるものがあった。というのは、その時点から遡ること十年くらい前に、日本テレビのスペシャル番組として『トトロ』の企画を提案して、駄目っていわれてるんですよ。だから、もう一回『トトロ』を持ち出すっていうのは、宮さんの中で、躊躇があった。それを僕が知ってたもんだから、ここでそれを持ち出しましょう、ってことなんです。だから、これをやろうっていったときには、ストーリーはまだ決まっていなかった。絵のイメージがあっただけだったんですよ」

――鈴木さん的には、その絵に何か感じていたわけですか。

「あの絵が好きだったんですね。単に。だから、これをつくると面白いなと思っていた」

――鈴木さんが感じていた全体の構想というのは、どういうものだったんですか？

「もう雑にいえば『E. T.』みたいなものだと思ったんですよ。それで『火垂る』は『禁じられた遊び』かな、とかね。『E. T.』と『禁じられた遊び』の二本立てだったらうまくいくんじゃないかな、っていう素人みたいな考えですよ」

――大丈夫かな、このプロデューサー。急に不安になりましたけど（笑）。

「と、説明もしましたしね、二人に。でも、宮さんも『ほんとにつくれるの？』っていう感じでしたね。ほんとにつくれるんだったらやりたい、だけど何しろ内容はほんとに考えてなかったから。結果はああいう内容になりましたけれど、そこへたどり着くまでは少し時間がかかりました」

――高畑さんに映画をつくらせたいっていう思いは、鈴木さんの中に結構強くあった？

「ありましたね。むちゃくちゃ有能だと思ってましたから、彼の過去につくったものを見て。自分が彼の映画をつくれるチャンスが来るっていうだけで、喜びましたよね」

——鈴木さんとしては、やっぱり、二人につくらせるのが理想だった。

「そう。それで二人の関係のことも、いろんなことが分かり始めてたんで、二人がともに切磋琢磨したら、面白いものをつくってくれるんじゃないかなって」

——でも、まだ『アニメージュ』の編集長なんですよね。

「そうです」

——だんだん自分が映画プロデューサーになっているという自覚はありました？

「ないですね。ものすごい素人の感覚。だって僕、自分がプロデューサーだと意識したのはずいぶんあとですよ。余技でそういう手伝いもしてるっていう意識でしたね。だから本格的にやらなきゃいけないと思ったのは、『おもひでぽろぽろ』までいかないと」

——じゃあ、例えば自分の五年後、十年後ってイメージしたら、自分は徳間書店のサラリーマンをやっていると思ってたわけですか？

「それも考えてなかったけど。考えてないんです。要するに、ビジョンがないっていうのが三人の特徴ですよ。イメージがないんですよ。だって三十五年間、いろんな機会に顔を突き合わせてきたけれど、三人で過去の話ってしないですからね。いつも今の話。『あのときこうだった』って話、一回も出てない。で、なぜかっていわれたってしょうがないですよね。そういう性格の人が集まっちゃったんだから。宮さんって変な人で、二、三年前に階段を駆け上って……ドタドタドタって部屋に来て、『分かったんだよ』って息せき切っていうから何かなと思ったら、『パクさん、俺、鈴木さん、三人がなぜうまくいってるか分かったんだ』って。何だこの人はと思ったんだけれど、『なぜですか？』って聞いたら、『お互いがお互いを尊敬してないんだよ』って」

――（笑）。

「明日のことをあんまり考えないんですね、三人とも。で、昔のことも考えない。いつも今とちょっと未来のことなんですよ。性格ですかね」

――じゃあ、そのときは自分がジブリの中心的な役割を担って映画のプロデューサーになるっていうことはまったく考えずに、一人の雑誌編集者として手伝っているという？

「その意識ですよね。ついでにいっちゃうとね、やっぱり『アニメージュ』のスタートっていうのは、あらゆる意味で僕の人生を変えちゃうんだけれど、自分が中心となって一つの雑誌をつくらなきゃいけない……これは僕、つらかったんですよ。要するに自分がまだ発展途上だと思ってた。せっかく仕事が面白くなってきたときに、なんで人の原稿なんか読まなきゃいけないのかって。僕はほんとは、もう少しノンフィクションというものを勉強したかったですね。で、そのときに決めたことがあるんですよ。要するに『アニメージュ』をやることに決めたでしょう。もう自分は記者としても、編集者としても二流どころか三流にもなれないって見切るんですよ。仮に編集長とかになったとしても、大した編集長にはなれないという自信があった（笑）。ちゃんとした編集者、記者として名を成すには、それを一貫してやり続けなきゃいけないという意識があったんですね。だから、映画の仕事を始めるときも、そういう意味ではすんなりできたんですよ。まったく迷わずに、面白いことをやっていこうという意識だけですよ。それによって将来自分がどうなるかも考えなかった」

——でも、もう既に鈴木さんにとって高畑勲、宮崎駿との出会いっていう人生最大の事件が起きてるわけですよね。

「はい、はい」

——それとは関わっていかなければいけないっていう。

「でも、ずっとだとは思わなかったしね。『やれるうちはやろう』くらいですね。何らかのかたちで付き合っていくなと思ったけど。ただ、『ナウシカ』が終わったときに宮さんというのはあまりに真面目な人なんでね、二人っきりのときについ声をかけちゃったんです。宮さんは覚えてないかもしれないけれど、『落ちぶれても付き合いますからね』といった覚えがあるんです。だからといって自分がずっと映画をつくっていくのかとか、そういうことは何にも考えなかったですよ。うん」

——客観的に出会いの構造を考えると、鈴木敏夫が宮崎駿、高畑勲と離れるってことはあり得ないわけですけれど。

「というか、そういうことを考えないんですよ。ほんとに考える余裕がなかったというのかね」

――そうなんでしょうね。でも、体は、実にそっちの方向に向いていくわけですよ。

「あのね、例えばこういうことがあるんですよ。自分がやってきたことを言葉として整理して、俯瞰《ふかん》してものをいうということはやめようと思ったんですよ。なんでかっていうと、そういうことをすることによって、客観視しちゃうから。そうしたら今やっていることはできなくなる。これなんですよ。だから、走り続けようと思ったんですよ。それでどっかで転んだらしょうがないっていう」

――その正しさが、宮崎駿、高畑勲の出会いのときにすごく発揮されていますよね。

「そうなるのかな」

――何にも考えずにやっていますよね。

「まあ、そうです。だから『もののけ姫』っていうタイトルを決めるときなんかもけんかを覚悟していた。宮さんは『アシタカ𦻙記《せっき》』でいこうっていうでしょう。それで僕は、彼に何も告げず予告編つくってテレビで『もののけ姫』と流しちゃう。そのとき覚悟してますよ、これによって関係は駄目になるかもしれないって。そういう生き方をあの二人もしてるし、それがうつっちゃって僕もそうなったんですね。だから、いつもどこでけんかしても構わないっていうやつですよ」

——でも、けんかしないんですよ。

「まあね、笑ってましたけれど」

——だから鈴木さんは、宮崎さんは真面目な人だから思わず「落ちぶれても付き合いますからね」っていっちゃったんですね。それは鈴木さん、それしかいうことがないからいったんでしょ。

「まあ、そうでしょうね」

——それは一〇〇パーセントの確信があって、一〇〇パーセント自分の人生が何かを分かっているからいったんです。鈴木さんはそういうふうに、そのときはなんとなくいったんだよって今でもおっしゃっていますけれども、それで人生を決めているんですよ。

「まあ、人は自分のいった言葉に支配されるものだから。いろいろな危機はあったんでしょうけれど、やっぱり選んだんですね。そんな、アカデミー賞だの、金熊賞だの、そんなの獲りたいなんてことも思ったことはないしね。それで、獲ったからじゃあどうだったっていうわけでもないしね」

未完成のまま公開に踏み切る

——この『トトロ』と『火垂るの墓』っていうのは、鈴木敏夫史にとって、あるいはジブリ史にとって大変な事件になっていくんですけれども、『トトロ』は順調にいくんですか。

「まあ、変な話、宮さんは『火垂るの墓』の制作進行状況を見ていましたね。それよりちょっと先を行っていればいい、っていうね。……まあ『火垂るの墓』は、ほんと申し訳ないんですけれど、完成しなかった。これはつらかったですね、ほんとに」

――完成しないって現実を目の前にして、鈴木さんはどう思われたんですか？　この作品の場合、プロデューサーは立っているんですか。

「これは原さんが立っているんですよ。でも現実問題としてはね、『火垂る』は僕が高畑さんと対面しなきゃいけなかったから。映画が完成しないっていうのは、やっぱりしんどい事件です。それをなぜ乗り切れたかっていったら、僕が記者をやってたからだと思っているんです。要するに野次馬であると。目の前で起きている現実があって、自分がそこの当事者であるにもかかわらず、それを野次馬として見ることができるっていう能力を、どこかで身に付けちゃったんですよ。でなきゃやっていられない」

――敏腕プロデューサーの高畑さんは、こと自分の映画のことになると、完成できない、公開に間に合わないっていう現実と向き合っても動じないんですか。

「動じないですね」

――（笑）。

「『それはプロデューサーの仕事でしょう』って平然というから。実は『ナウシカ』公開前に、一本じゃ心配だからというので、宮さんがテレコムでつくった短編『名探偵ホームズ』四本のうちの二本を選んでくっつけようってなったことがあるんです。ただ、『ホームズ』にはまだ音がついてなかったんですよ。できてたのは画だけ。台詞《せりふ》も録らなきゃいけなかったんだけれど。音楽もついていない。だから、音楽をどうするのかっていったら、『ゴジラ』の〈地球防衛軍〉、あれを使いたいって高畑さんがいい出した。宮さんもそれに賛成。僕としては、当然、『それって誰の持ち物だろう?』と。そうしたら東宝さんだったんですね。僕は交渉に行くわけですよ。『こういう映画があるんで使わせていただけないだろうか』っていくのですが、けんもほろろ、駄目だっていわれてしまうわけですよ。それで音のミーティングのときに僕は、高畑さんすみません、東宝にいっていろいろ説得したんですけれどね、許諾を得ることはできませんでした。だから別のものを考えなきゃいけません、っていったら、もう怒っているんですよね。高畑さん、当時『ナウシカ』のプロデューサーですよ。いきなり『なんで東宝に行ったんですか?』って。それは使いたいんだから、人の持ち物の許諾は取らなきゃいけないでしょう、っていったら、『勝手に使っちゃえばいいんですよ』っていって。『それはあとでプロデューサーが謝ればいいんだから』って。だから僕は腹の中で思いますよね。『名探偵ホームズ』のプロデューサーって誰なんだって」

――(笑)。

「もうむちゃくちゃですよね。そんなふうに、やってきた人なんですよ。だからその瞬間、プロデューサーから監督になってるんですよ」

——じゃあもう、完全に監督しかやってない『火垂るの墓』に関しては？「公開日がもう迫ってるから」とかいっても、できないものはできないんだっていう感じなんですか。

「だって来なくなったんですよ、終盤、会社に」

——すごいですね。

「それはもう徹底していますよ。だから僕は三日目に奥さんに電話して、ちょっと会いに行きたいんですけれどっていったら、大泉学園の駅前にこうこういう喫茶店があると、そこで待ってくれといっておりますので、って。それで喫茶店に入るんだけど、待てど暮らせど現れないんですよね。こちらも電話もする気もないからほっておくでしょ。で、現れたのが夜の八時。お昼に行ってってですよ」

——よく待ちますね、鈴木さん。

「待ちましたよ。十二時に行って八時だから、八時間ですね。その間、考えたんでしょうね。現れていきなり、（ポール・）グリモーの『やぶにらみの暴君』の話はご存じですか、と。それで僕は、『いや、知らないですけど』、『いや、あれはね、実はプロデューサーがあるお金を用意して、映画をつくろうとしたんだけど、グリモーっていう人は、三年ぐらいやってもできない。制作期間を延長して、さらに二年やったけどできない。そこで、プロデューサーが、これはもう待てないというので、中途半端だけど、その映画をちょっと編集して公開した。そうしたらグリモーが訴えたんだと。それで、当時のフランスの裁判所がそれに対してこういう回答を示したと。プロデューサーがお金を投入、しかも公開を延期してまで年数をかけたけどできない。その資金の回収のために映画を公開したいというのは考えとしては筋が通っていると。しかし、監督が未完成のものを世の中に出したくない、これも考えとして分かると。だとしたら、そのいきさつを映画の冒頭に全部入れて、このままの状態で公開しよう、といったと。それをやっていただけませんか』、っていう。『できません』、『やってください』、『できません』みたいな押し問答をして。それで喫茶店が閉店する時間になって、要するに画面に白地が出ちゃう二ヵ所、それをこういうふうにしようという提案を高畑さんから受けて、それならやりましょうということになって、未完成品の公開に踏み切るんですよ」

――そのとき鈴木さんの中では、どういう考えが頭を巡っているわけですか？

「僕はもう一つだけですよ。みんなに迷惑かけるべきじゃないと考えたんですよ」

――でも、鈴木さんが高畑さんにほれたのは、どこも妥協しない、異常なほどのピュアネスじゃないですか。

「だけど、あの人の場合、妥協しなかったら延々続くんですよ。それはもうやってて十分に分かったことです。その後の作品も全部それですよ。参考までにいうと、『平成狸合戦ぽんぽこ』なんかも、あれはほんとは夏公開だったんですけど、僕は春公開だと偽ってポスターまでつくってね、高畑さんに春だといい聞かせ、それで、当然できないでしょう。それで夏になるんですよ。まだできないんですよ。それで僕は、もうそのときは公開延期しましょうっていったんです。春だったやつを夏にしたけれど、今度は冬にしましょうって。そうしたら高畑さんが、『いや、夏に公開したい』っていうからね、『高畑さん、いうのは簡単ですけどね、どうせできないからやめませんか、冬にしましょう』って。高畑さんが『夏に公開するならば、僕の計算だと一〇分削らない限りできません。どこを削ったらいいか提案してもらえませんか』っていうから、『分かりました。じゃあ、僕、やります』って。『火垂る』のときもやってるんですけどね、実は。もうやれる限りのことは全部やったんですよ。それで高畑さんも納得してね、高畑さんからも意見が出て、短くした。一〇分削った。そうしたら藤巻直哉さん（『ポニョ』の主題歌を歌った）が、高畑さんの前で『あれ、カットしちゃうんですか、僕、あそこは感動したのに』とか余計なことをいい出して、もう大変ですよ。次の日から高畑さん、『鈴木さん、ちょっと話があるんですが』、『何ですか』、『映画、ガチャガチャになりましたね。鈴木さん、どう思いますか』って。それを毎日二時間やられたんです。それでやっと公開にこぎ着けたんですよ。ずっとそういう人なんですよ。だから、何をいい出してももう驚かなくなってるんです。僕は、大塚康生さんに褒められたんですよ。『火垂るの墓』、『おもひでぽろぽろ』、『ぽんぽこ』が終わったころ、『鈴木さんはすごい、自慢していいです。高畑さんの作品を二本立て続けにつくったプロデューサーはいない。それを二本どころか三本やった』って」

――（笑）。でも今のお話を聞くと『火垂るの墓』をつくることによって、鈴木敏夫はやっぱり鈴木敏夫になったたんですね。

「そうかな」

――要するに、高畑勲に認められるというか、高畑勲に認証されることによって鈴木敏夫は鈴木敏夫になったわけですけれども、もう認証行為は要らないんですよね。もうそのレベルは超えたんですよね。鈴木敏夫はきっとまだ自分でよく分かってないから、編集者だとかなんとかって誤った自己認識を持ちながら生きていたわけですけれども、既に編集者じゃなくてプロデューサーになっているわけですよね。で、プロデューサーを前にして、プロデューサーとは何かっていうような講釈をしてもしょうがないけれど、その最大の仕事をやったわけですよ、『火垂るの墓』で。未完成のまま公開に踏み切るっていう。

「いやあ。もう分かんないですけどね」

怖いものがなくなった

――だって、その決断は誰ができるんですか。監督以上の神の目線を持っていないとそのゴーは出せないわけで。

「僕ね、迷っていることはいっぱいあるんですよ。僕の果たしてきた役割は何だろうって、やっぱり思うんですよね。藤巻さんのいっていることはやっぱり正しいんですよ。あと一〇分あったら名作なんですよ」

――でも公開しなくちゃしょうがないんですよ。誰かがどこかでその決断をしなくちゃいけないんです。

「まあ、その役割なんですけどね」

――その役割をできる人間ってほぼいないんです。それを鈴木さんはやったわけですよ。

「だから僕――いきなり『風立ちぬ』の話ですけどね。ラストシーン、最初に宮さんが描いたやつは違うんですね。たぶん僕、少し関与したんですよ。それによって今のかたちになってるんだけれど、ほんとにそれでよかったのかな、ってずっと迷っているんですよ。何かそういうことってあるんですね。やっぱり、宮さんの最初の案のほうが面白かったんじゃないか、っていうね」

――いや、それはいいんですよ。映画ってそういうものだと思うしね。

「まあね」

――だから、その、未完成のまま『火垂るの墓』の公開に踏み切った段階で、鈴木敏夫はもういっぺん鈴木敏夫になったわけですよ。

「そうかな」

——うん、それはものすごい大きな一歩だったし。

「まあ、怖いものはなくなったですね」

——未完成のままの公開っていう、誰もやらない行為に踏み切った時点で、鈴木敏夫は本当に自分を獲得したわけですけれども、そんなことはみじんも思わずに、「ああもう大変だ、大変だ」っていう感じだったんですか。

「そうですね。それは新潮社さんだって同じだったと思います。亡くなっちゃった常務の新田敞さんという方が新潮社の責任者で、本当にお困りだったですね。とにかく新潮社が初めてつくる映画だったんですよ。それで、いきなり未完成品を公開する。そうせざるを得なくなった。この方は、それこそいろんな作家とお付き合いになった方で、松本清張だの、柴田錬三郎だの、安部公房もそうかな。高畑さんは、それに匹敵するどころか誰よりもすごい、っていうことをおっしゃってましたけどね」

——（笑）。

「それでとにかくどうしたらいいかと相談を受けて、僕、こんなことといった覚えがあるんですよ。映画というのはプロデューサーと監督の両輪がある。本来はプロデューサーが監督に相談すべきもの、だからこの映画は誰でもない、新潮社の社長の佐藤亮一さんがプロデューサー。そうしたら新田さんが、『社長は高畑さんになんていったらいいんですか』っておっしゃったんですよ。それで僕ね、あのときすっとそういう言葉が出たんですけれど、『質を落とさないで間に合わせてくれ』と話したんです。質を落とせっていうのは最低だから。そうしたら『分かりました』っていって。それで高畑さんが新潮社へ出向くことになったんです。この日のことはよく覚えていますね。本当なら、ジブリ側のプロデューサーって原さんなんですけど、その日の朝、高畑さんが僕を捕まえて『今日は新潮社に行かなきゃいけない。嫌だな。鈴木さん一緒に行ってくださいよ』っていうから、『冗談じゃない。高畑さん、僕はその立場にないんですよ』っていって。そうしたらそこへ原さんが現れて、もう原さんと高畑さんはがたがたの関係になっちゃってたので。原さん、僕を別の部屋に呼んで、いきなり土下座するんですよ」

——（笑）。

「それで『鈴木さんも知っちょるように、高畑と俺との関係はもうぐちゃぐちゃだ。本来なら、今日わしが同席せないかん。しかしそれができない関係だ。悪いがわしの名代として高畑に付き合ってくれんか』と。それで僕、高畑さんと二人でね、行くことになっちゃうんですよ。それで僕、迷ったんですよ、なんていおうか。電車に乗って、高畑さんが『今日はどうしたらいいんですかね』っていうから、『高畑さん、申し訳ないけれど、僕は困った監督を持っているプロデューサー、原さんの名代なんで、僕は終始、困った顔をしなきゃいけない、これは理解しておいてください』と。そうしたら『えっ、冷たいな』とかいうんで、『いや、そういうことじゃなくて』とかいって。それで僕が常務に付けた知恵があるでしょう。これをどうしようかなと思ったんだけど、結局、新潮社に到着する寸前に話してしまった。実は、こんなことがあって、社長が何をいうかで新潮社が悩んでたんですよと。で、質は落とさないで間に合わせてくれということをいいますから、あとは、高畑さん次第ということで。そのとき、僕は終始うなだれていますから、絶対に僕のほうを見て同意を求めないでくれと。で、実際に社長がおっしゃるんですね。『質を落とさないで間に合わせてもらえませんか、高畑さん』って。そうしたら、高畑さんが返す刀で『公開を延ばしてください』って……かっこよかったですね（笑）。尾形のエピソードも思い出しました。その常務がね、徳間書店へ相談に来たことがあるんですよ。さっきの山下を訪ねて。『新潮社としても、これはもう本当にあとで大問題になるんで、山下さん、なんかいい知恵はございませんでしょうか』っていったら『そうですな、あの高畑にも困ったもんですな。ちょっとぎゃふんといわせなきゃいけないんだけれど』とかなんかいってね。それで尾形が『山下専務、電話して会ってもらって話したらどうですか』っていったら、山下が『いや、私もほんと申し訳ないんだけれど、予定が全部詰まっていて』といって。でももう尾形が電話を取っているんですよ。で、電話で『高畑さんいる？　あ、高畑さん。今ちょっとね、高畑さんのこと話しているんで、今、代わりますね、山下に』っていってね。山下さん、パッと渡されて『あ、高畑さん、大変ですな』ってついいっちゃう、っていう事件があったりね（笑）。大変だったんですよね。誰に何いわれても平気なんだから」

――すごいですね。

「すごいんですよ。そうなんですよ」

――で、完成しないまま公開になって、高畑さんはどうなんですか。

「まあ、それは決断してやっていることだからね。でも、高畑さんはそれ以降、何をやっていたかといったら、つくり続けたんですよ。それで完成したのが公開から一ヵ月半後ぐらいじゃないですかね。その間に第一次興行は終わってね。次は第二次興行っていう話になって、それが完成した暁には、ちゃんとしたかたちで見せようっていうことになっていたんだけれど、東宝が渋ったんですね。要するにそんなことやったら、またプリント代がかかる。それは東宝と話して大もめにもめて、それを実現させたということがあったんですけれどね」

――大プロデューサーですよ、もう既に。

「いやいや」

――で、それだけ血のにじむ苦労をした『トトロ』、『火垂る』はどうだったんでしょうか?。

「興行的には最悪でした」

――（笑）。すごいオチですよね。まったく当たらなかったんですよね。

「まったく当たらなかった。それは公開時期だってよくなかったし。もともと東映に持ち込んで断られた企画だったしね。東宝だって嫌々やった」

――その現実を前にしてどうでしたか、鈴木さん。

「あのね、やるだけのことはやったんで、お客さん来なくても平気でしたね。それは全然、気落ちもなんにもしなかった。要するに、自分たちで自信を持ってやったもので、お客さん来ないからっていって、そんなの関係ねえだろうと思っていたんですよ。だから、それがそうじゃないって思ったのは、やっぱり『魔女の宅急便』のときです。今度は東映なんですけれどね、僕はこの人に実は感謝っていうのか、この人によって映画をヒットさせようと初めて思うんですけれど、配給の責任者で原田さんという方がいて、二つひどいこといわれたんですよ。一つはつくっている途中で『鈴木さん、これはなんだ』といわれたんですね。『うちはヤマト運輸のタイアップが決まっていたから配給を決めたんだ。ところがヤマト運輸、全然前売り券を買ってくれないじゃないか。約束が違うぞ。うちがこの配給を引き受けた理由は、その前売り券を当てにしたからなんだ。ところがそれが思うとおりいっていない、そんなことあり得ない』と。それと『鈴木さん、宮崎さんもたぶんこの〈魔女〉が最後だろう。だってそうに決まってるじゃん。〈ナウシカ〉〈ラピュタ〉〈トトロ〉とやってきて数字がだんだん下がってきた。そうしたら〈魔女〉はもっと下がるだろう。そうしたらそれで終わりだよ』って。これいわれてほんと頭に来たんですね。それで、僕、その足で日本テレビへ行くんですよ。それで『出資してくれ』ですよね。なんでかっていったら、それによってヒットしたい。要するに、テレビ局と組めばヒットするぐらいの知恵しかなかったんですね。本当にそれだけですよね」

──『魔女の宅急便』は、『トトロ』と『火垂るの墓』が興行的に厳しい結果だったから、結構つくるの大変だったんでしょうね。

「あんまりそれ、関係なかったですね。世間はそうだったけれど、僕らは平然とつくることができた。これは徳間康快のおかげですよ。あの人、あんまり文句いわなかったんですよ。要するに『トトロ』と『火垂る』の成績が悪かったからといっても、あの人にはあんまり関係なかったんですね。そのことによって特別怒るとかじゃなくて、宮さんに対しても、高畑さんに対しても『よく頑張ってくれた』っていって、それだけですよ」

──かっこいいですね。

「うん。あの人ね、借金だらけだったからか、そういうことをあんまり気にしないんです。借金を積み重ねてむしろそれを自慢していた人だから。うん。『千何百億あるんだ』っていって、なんでも自慢話にしちゃうけれど。だから、あの人は、身をもってそういうことを体験したんですよ。要するに、少ないお金を借りているときは、なんだか引け目がある。しかし、それを上回っちゃえばね、それは借りているほうが強いんだ、って」

──（笑）。

「だから、まったく平然としてた。だから、今の『トトロ』と『火垂る』がうまくいかなくても、そんなことより、新潮社と組んで対等に仕事ができたことのほうを喜んでいる。そういう人でしたよ」

――でも、それじゃあ会社は厳しくなりますよね。

「まあね（笑）。でも、そういう人がいてくれたのがうれしかったですよ。だから僕らは、現場のほうでもなんにもいわれないから、むしろ成功でしたね。あとで考えると大変なんですよね。『これだけしか人が入ってないんだ』っていう」

〔二〇一三年六月二十五日／同年七月一日　恵比寿・れんが屋にて収録〕

（『風に吹かれてⅡ』に続く）

いつも今！——スタジオジブリの現在Ｉ

常に新鮮——今を生きる、過去を忘れる
——『崖の上のポニョ』誕生秘話

宮崎駿の最新作『崖の上のポニョ』はどのようにつくられ、どんな映画となりつつあるのか。これまでほとんど明かされていないその内容に今、日本中が注目しているわけだが、プロデューサー・鈴木敏夫はここで率直にその全てを語っている。最も近しい距離で宮崎駿とその作品に関わり続けてきた彼ならではの視点で語られた、前作『ハウルの動く城』以降の三年半の具体的な出来事、『崖の上のポニョ』のストーリー、そして宮崎駿の表現が新たな領域へと踏み込んでいくプロセス。その三つは綺麗に一本の糸で繋がっていた。話を聞くかぎり『ポニョ』は、日常の中から映画を生み出していく宮崎駿の手法がこれまでになくビビッドに活かされたきわめて注目すべき作品である。それは『ハウル』からの必然的な流れであると同時に、目覚ましい変化を宮崎映画にもたらすことになりそうだ。

土地の力

――今日は『崖の上のポニョ』について、しゃべれることは何もないということをしゃべってもらおうというインタビューです。

「はい、はい（笑）」

――『ポニョ』の制作が決まったのはいつぐらいなんですか。

「え〜と、一昨年の十月からもう絵に入ってたんで二〇〇五年の冬ぐらいですかね」

――じゃあ、『ハウル（の動く城）』のあとすぐじゃないですか。

「すぐではないかもしれないけれど次、何やるかっていわれたときに『子どもものをやろう』って僕がいったんですよね、はっきりそれは覚えてるんですよ。『次どうしよう？』って宮さん（宮崎駿）に相談されたときに、僕が『ハウル』のカルシファー、マルクル、ソフィーのやり取りがよかったたっていって。僕も一応、アニメーションに携わってうん十年なんで、いわゆる児童ものとしてあんな優れたシーンはなかなかないって話をしたら本人が喜んじゃって（笑）。素直に喜んでくれるんですよ、そういうとき。それで僕がいったんですよ、やるんなら中川李枝子《りえこ》さんの『いやいやえん』をやろうと。これはまあ、僕と宮さんの間でもうずっとやりたくてしょうがなかった保育園の子どもたちの話なんですよ。福音館書店から出てて、書いたのが中川李枝子さん。山脇（大村）百合子さんっていう彼女の妹さんが絵を描いてるんですけどね。実をいうとこれ、僕の知ってるかぎり日本最大のベストセラーなんですよね。要するに幼児もので、保育園、幼稚園が必ず毎年新しく買う。何でかっていったら読み聞かせて、それから子どもたちが読んでボロボロになるので、日本中の保育園、幼稚園が毎年何冊か買ってるんですよ。それを僕は学生時代に読んで大好きで、たまたま宮さんも昔から大好きで。それで彼とふたりでね、いつかそれをやろうという話をずっとしてきたんですよ。で、描かれたのはだいぶ前なんで、もういろんな人が映画の申し込みをしてるんですよ。それでも原作者がOK出さないからなかなかできなかった。ところが『（となりの）トトロ』の主題歌の歌詞を誰に書いてもらおうっていうことになって、何しろファンだから僕と宮さんとふたりで『中川李枝子！』ってふたり同時に声を出したことがあって（笑）。それで、すんなり受けてくれたわけじゃないけれど結果としては彼女が書いてくれた。それが僕らにとってはすごく幸せで。そうこうするうちに（ジブリ）美術館始まったでしょ？　そのときに宮さんが『美術館用の短編、何つくろう』っていったから、そのときも『いやいやえん』っていってるんですよ。それで頼みに行ったら『いいわよ』っていうことになって。だから実をいうと短編を一本つくってるの、『いやいやえん』の中の『くじらとり』って話なんですけどね。それで今回、もっと全編を長編としてつくろうって提案したら宮さんもやろうっていい出して始まったんですよね」

──『トトロ』の主題歌って、普通に今、これを読んでる人は「そりゃジブリが、宮崎駿が頼めばやってくれる」と思うかもしれないですが、わたしは『トトロ』の頃を知ってるんで。まあ、潰れそうだったわけですよね（笑）。

「はい。中川さんなんかもう僕らのこと何もわかんないから、全然首を縦に振らないですよ」

──要するに宮崎ブランド、ジブリ・ブランドで押し通せるような力は大体なかったじゃないですか。

「ありませんでした。ないです（笑）」

──はっきりいって潰れそうなアニメ会社だったじゃないですか。

「潰れそうなアニメ会社、失礼な（笑）。まあ、いいんですけど（笑）。大変でしたよ。今、振り返るとそうなんですよ」

──だから要するにブランド力で書いて下さったわけじゃなくて、まさに鈴木さんの熱意で書いて下さったわけですよね。

「まあ、そうでしたねえ。だから僕、ちょっと進捗状況が悪かった『火垂るの墓』についても、彼女のところに行ってその相談なんかしてたんですよ（笑）。具体的に話の内容をどうしたらいいかとかね。で、仲よくなっちゃったんですよ。そうこうするうちに妹さんとも仲よくなって。美術館のパンフレットをつくって中川さんから文章を寄せてもらったんです。そんなこんなでずっと付き合い長いんですよ」

――ということは『ポニョ』っていうのは『いやいやえん』の映画化から……。

「というのでスタートしたんですよ。で、宮さんが……これしゃべってないんだけど（笑）」

――いいじゃないですか。

「あの〜、僕が悪い奴に思われちゃうと困るんですよねえ」

――悪い奴ですから、鈴木さん。

「なにいってるんですか！（笑）いや、あのねえ、宮崎駿っていう人ってたとえばどこかに旅行するとか、ちょっとしばらくの間、居を構えるとか、そういうことがあるとその影響がモロに出る人なんですよ。それはもう付き合い始めからずっとそうで。たとえば屋久島に行くとあそこを舞台に『（風の谷の）ナウシカ』をつくるとかね。スウェーデンに行ったことを思い出して『魔女の宅急便』をつくるとか。土地っていうのは彼にとって非常に大きいんですよ。で、ジブリの作品ってよく考えると多摩とかそこら辺を中心にしていろいろつくってるんですよね。もう飽きたから、ちょっと遠いところに行きたいなあと思って。で、僕らの知人でNGOをやってる大西（健丞）くんっていうのがいるんですけど……鈴木宗男事件で有名になった奴なんですけど、ちょっと仲いいんですよ。その彼が瀬戸内海のある町の町おこしを始めて、それを手伝ってくれっていってきたんですよ。要するに彼の提案は、その町で一本映画をつくってくれないかと。寂れた町だから場所はいくらでもあると。でまあ、それは無理だけれどみんなで社員旅行ぐらいだったら行けると(笑)。社員旅行っていっても半端じゃないんですよ。ジブリと美術館合わせると対象者は三百二十名いるんでね。結局、二百五十人でその町へ行ったんですよ。そのためにいろんな民家を修繕して僕らを迎え入れてくれて、楽しい二泊三日を過ごすんですけどね。当初、宮さんは『俺、行かないよ、鈴木さん』っていろいろ文句いってたんですけど行ってみたら気に入るんですよ。僕知ってるんですけどね、そうなることは(笑)。で、帰ってきたら『鈴木さん、俺、しばらくあそこに暮らしたい』って(笑)。それで『いいっすよ』っていって、こちらは大西くんへの恩返しもできると思って。で、向こうの人と話つけてやったら二ヵ月ぐらいそこに住んじゃったんですよ。で、構想がいろいろ膨らみ始めるんですよね。帰ってきたら何いい出すかなあと思っていたら『鈴木さん、〝いやいやえん〟じゃなくてねえ、〝崖の下のいやいやえん〟って駄目かなあ』っていい出して(笑)。要するに、自分が住んだところが崖の上にあったんですよ。で、『いやいやえん』っていう名前をもしほんとに使うんなら中川さんにも了解取らなきゃいけないっていうんで彼女のところに行ったりしてたんですけど今度は、ある日……これが一昨年(二〇〇六)の春ぐらいかなあ、『鈴木さん、一生のお願いがある』っていい出して。これしゃべっちゃいけないことになってるんですけど(笑)」

――いいじゃないですか（笑）。

「やろうとしたのは保育園の話でしょ？　でも、『映画で保育園の話つくってもしょうがないと思う』っていい出したんですよ（笑）。『どういうことなんですか？』、『本物をつくりたい』っていい出して。『俺はひとつ考えた。社内保育』って。要するに社内で妊娠ブームだったんですよ。それがきっかけだったんですけど、ほんとは保育園の話で絵コンテ（映画の撮影用につくる、絵を用いて示す台本）も少し進んでたんですけど本物をつくっちゃったの。で、映画の保育園の話はやめることになるんですけどね（笑）」

――（笑）。大変ですねえ。

「それで今の『崖の上のポニョ』っていうタイトルになるんですけどね。そうやって大体やってるんですよ。でも、僕はけっこう楽しいんですよね（笑）。本物の保育園をつくんなきゃいけないから、そこは大変なんですけどね。そうこうするうちにもう今度の四月一日には開園なんですよ、これ。二馬力っていうか宮さんのアトリエの隣に土地も購入してやるんです。まあ、あくまでも社内保育ですけどもね」

――すごいですねえ。

「まあ、昨日今日いい出したんじゃないんですよ。もう十何年前から。宮さんの奥さんも現れて『鈴木さん、これは宮崎の長年の夢だったのでよろしくお願いします』っていわれて、俺は一体何やってんのかな？　と思いつつね（笑）。そんな感じなんですよ。いろいろ少しずつ思い出しましたね、しゃべってるうちに。きっかけの話をもう一個思い出しました。これはねえ、おもしろおかしく話すと馬鹿みたいなんですけど、でもほんとにこれがきっかけだっていうことは確かなんで、それも話しますか？」

――ぜひぜひ、聞きたいです。

ジブリの出産ブームから生まれた作品

「どうしてこんなことになっちゃったんだろう（笑）。あのねえ、『サイゾー』っていう雑誌があるんですよ。で、そこのある記者がいて、ネタがなくなると僕んとこ来て、話を聞いていってはジブリの悪口を書くっていう奴がいたんですよ。Kっていうんですけれどね、彼がある日やって来て、なんかいつもと違う雰囲気なんで『どうしたの？』っていったら『今日は取材じゃなくてご挨拶に』っていうから『何なの？』っていったら『やめる』っていうんですよ。『え？　何で？』、『疲れました』、『やめてどうするの？』、『アメリカ行きます』、『何で？』、『いや、ちょっと考えがあって』って。で、そうやってしゃべってるうちに『君、アメリカ行くのやめてジブリ来ないか？』っていったんですよ（笑）。なんでかっていったら高畑勲の企画をちょっと考えようかっていう時期で……まあ、これはボツるんですけど現代の『かぐや姫』なんていうのをちょっと考えてたことがあって。それでそいつに『かぐや姫っていうのは他の星から来たわけでしょ、でもなんでよりによって地球を選んだのか』って（笑）、そこら辺の秘密を解き明かす映画なんだっていったら彼が乗っちゃって『ぜひやらせて下さい』っていってジブリに来るんですよ。で、次の日から出社し始めて高畑さんにも紹介したりして。ところがこいつが最初のうちこそ『じゃあ、高畑さんとやりますから』なんていいながらなんか様子が変なんですよ。あんまり仕事しないんですよね（笑）。それで同僚なんかに『あいつ何やってんだ？』て聞いたら『いや、何やってんですかねえ』って。で、『サイゾー』やめるときにある女の子にフラれて、それを追っかけてアメリカに行こうとしてたとかいろんなことがあとでわかるんですけど。それの傷心を癒やすために……ジブリって実は女の子いっぱいいるでしょ？　目移りして、あっちこっち。それで、来て三ヵ月目にある女の子を妊娠させたんです」

――へえ、早いですねえ、行動が。

「しかも――もう僕はいろんなとこで公言しようと思ってるんですけどね――その妊娠させちゃった子が宮さんの大のお気に入りだったんですよ。一方で、それまで同じぐらいの歳の団塊ジュニアが多かったんで、ジブリの中で結婚ブームっていうのが起きてたんですよ。ところが結婚するけれども今の流行りで子どもをつくんない。そこに彼が来て三ヵ月で妊娠させた（笑）。そしたらまず起きたこと、結婚してた連中が一斉に子どもの生産に入ったんですよ（笑）」

――（笑）。ほんとですか？　鈴木さん、おもしろ過ぎなんだけど。

「おもしろ過ぎなんだけど本当なんです、これ。で、宮さんはやっぱり興味持ったわけですよ、要するにどうやってね……」

――口説いたの？　みたいな。

「うん。なおかつどんな奴だ？　それまで三ヵ月間見向きもしなかったのにそのことがわかった途端、毎日……彼、ジブリの第一スタジオの三階にいたんですけど宮さんが来るようになって、しかも隣に座る。だからといって怒るわけじゃなくて、なんとなくしゃべるんですよ。丸一ヵ月ぐらい毎日しゃべってて。で、大体こうやってキャラクターが出てくるんですよ、ほんとに。順番は実をいうとこっちが先だったんですよ。それがヒントになって保育園なんですよ。これ冗談じゃなくてほんとなんです」

――その彼は、『ポニョ』の中で重要なキャラになってるんですかね。

「いわゆる現代のお父さんのモデルになってますね。だから非常にリアリティがあるんですよ。宮さんってモデルは必ずいるから。抽象的につくったことはないですから、彼は。それが先で、次何やろうっていったとき、僕はさっきの『ハウル』の話をしたんですよ。そして瀬戸内海のある町が舞台、と全部揃うんです。それでスタートなんですよ」

――おもしろいですねえ。

「そんな日常の中から生まれた作品なんですよ、本当に」

――世間的には、宮崎さんがいったのかどうなのか、自分が子育てに失敗した、それをアニメにするんだっていってましたけど、そういうモチーフもあるんですか？

「それはないですよ。それはなんか間違って伝わったんじゃないかなあ。もともと子どもが好きだし、彼って小さい子の扱いがものすごく上手いんですよ。僕の息子なんかもう毎日夏休み一緒に遊んでもらってたんですよ。焚き火の仕方、焼き芋の焼き方、それからカエルの捕まえ方、もう全部、宮さんに教えてもらったんですよ。そういうのは、ほんとに上手い。で、学年が上になると駄目。小さい子の扱いが上手いっすね。実に上手い。感心します」

――宮崎さん自身も好きなんでしょうね。じゃあ『ポニョ』というのは人間になりたかった金魚というモチーフの中で、いわゆる子どもたちの日常、親の子育てを含むいろいろな日常が描かれる普通の映画って考えていいんですね。

「普通の映画ですよ。まあ何しろお話はすっごいシンプルで。最初のうちいってたのは日本の昔話ですよね。それと『人魚姫』とかがグシャグシャになって、それをどうやってシンプルにひとつのお話にするかですもん。まあ、魚の子が親から離れて泳いでたら瓶の中に頭突っ込んじゃってね、それで海岸に流れ着くんですよ。で、そこから頭抜けないのを見つけた五歳の男の子が拾って助けてあげるっていう、つまり浦島太郎的なお話（笑）。そこでふたりは一目惚れ。さあどうするって話なんですよ。で、そのシンプルな話を、表現上どうやって、手描きだけで豊かな複雑なものにできるか、そっちに力を注いでますよね」

波だけは人に描かせない

――手描きに非常にこだわったということがよくいわれてますが、それはどの辺なんですか？

「あのねえ、この十年間、いわゆるCG（コンピュータグラフィックス）ってものが出てきて、セルアニメーションの補完として使うと表現が豊かになるっていうことを、僕らも十分味わったんですよ。味わったんだけどその一方でこういう問題も起きたんですよ。要するにコンピュータって進化が速いじゃないですか。そうするとその追いかけっこが大変なんですよね（笑）。ある時期にこれが最高だっていわれてやったものが古びちゃう、それ何なんだろう？　って。それとふたつめは『ハウル』のお城に足がくっついてて歩くっていうのがあったんだけど、あの足の部分をCGでやったんですよ。で、ラッシュ（未編集の試写用フィルム）見ててなんか変だったんですよ。何でかっていうと、あんなデカいものを支えてる割に足が軽いんですよ（笑）。それで僕つい宮さんに『あの歩き方だと、あんなもの支えてる重量感がないですね』っていったら『ハリボテだから軽いんだ！』っつって本人は負けず嫌いだからいったんだけど（笑）。とはいいつつ『宮さん描いたほうが上手いっすよ』っていったら『そうお？』っつってね（笑）。実をいうと途中であれ、C

Gやめたんです。全部手で描くことにしたんですよ。で、やってみたらやっぱりそっちのほうがおもしろいんですよ。だから正確にいうともう『ハウル』の途中からちょっとやめてるんですよね。確かにある種の表現力はあるけれど、一方で手で描かないことのマイナス面もいろいろあるんじゃないかっていう。だから今回の宮さんのテーマは、お話もシンプルなんだから見た目もシンプル、しかしやってることは手描きの大変なこと、そんな感じでできないかなって。テーマと内容と手法が全部一致するようにっていう考えですよね」

——どうですか、鈴木さんの感想としては。「これはおまえら驚くぞ」みたいな感じですかね。

「できてない作品で威張るっていうのは馬鹿でしょ？（笑）でも予感がありますね。これちょっと宮さんにいうとあれなんですけれど、もしかしたら傑作かもしれないんですよね（笑）」

——という気がするんですよ、僕も話聞いてて。『ハウル』までってひとつの大きな流れじゃないですか、ストーリー・テラーとしても、宮崎アニメの在り方としても、あるいは鈴木さん的には違和感あったりするCGを導入したテクノロジーとしても、表現技術の洗練度、それからスペクタリズム。それがウケたっていうのもありますけれども、そうしたものの流れの中で、宮崎駿の世界というのができ上がっていったんだけど。でも、宮崎さんはもともと日常の中にある深みというか、人としての本質みたいなものを自然の中で見つめていくという視点もある。同時に大きな物語が持つダイナミズムもあって、両方常に持ってこられた方ですよね。だから『ハウル』までで行ったものとはまた別の形のアウトプットが今回は明らかにありますよね。

「ある気がしてます。シンプルだけどストロングですよ」

――だから別の宮崎駿の物語が逆にここから始まるぐらいの感じですよね。きっとその手描きっていうのも結果でもあるし原因でもあるっていう気がしますよね。

「そうですねえ。喜んでいいのか悲しんでいいのか、衰えてないです。本人は衰えたっていってるけど嘘で、自分で動きをつくるわけでしょ。そうすると自分より上手い奴が出てきたらやれなくなるわけですよ。でもこれは半分嬉しいけれど、出てこないんですよ。だから半分しんどいっすよねえ。その二律背反の中で悩んでますけどね」

――宮崎駿が得意とする、それこそものが飛ぶとか風が吹くとかっていうダイナミズムの流れとは違う、水がただここに存在しているっていう表現をどうするのかとか。「水が静かに存在している」って言葉でいうのは簡単だけどもどうアニメ化するのかっていう、そこで別の筋肉と表現力が試されるわけじゃないですか。

「単純化しちゃうと海が八割ですよ」

――ああ、そうなんですか。

「だから当然テーマは、波なんですよ。波だけは人に描かせません、全部自分で描いてます。人物、キャラクターの背景にあるものでしょ。だからともするとみんな見逃しちゃう。だけど、たぶん彼は前からやってて、海の表現のある種の完成点は『（未来少年）コナン』だったでしょうし、それ以来そこには手をつけなかったんだけど今回やってますよね。どうやったら新しい海や波がつくれるかって。それは楽しんでやってますよ。で、それが成功するかどうかは、完成してみないとわかんないですね」

——でも明らかに別の筋肉を使った別の宮崎駿の物語がここから始まるっていう感じが非常にしますね、お話を伺ってると。

「だから映画の見た目は違うんですよね。普通の人が見ても『あれ？　今までの宮さんのやつと違う』っていう。バックグラウンドだっていわゆる手の込んだものとちょっと違うんですよね。それなんかも今んとこ非常に上手くいってるなあと僕は思いますしね。僕、もう駄目だと思ってたんですよ（笑）、ほんとのこというと」

——（笑）。活字にしますよ。

「だって六十七でしょ？　そう思うの当たり前でしょ。一体どこにこんなエネルギーが残ってるんだろうと思って感心しました」

——駄目なんじゃないかっていつぐらいに思ったんですか？

「そう思ったんじゃなくて、そうなっていくと思ってたんですよね。だって一般論としては映画監督って必ず四十代に代表作をつくってるでしょ。それで五十、六十になるとみんな駄目になってく。そこを避けて通ることは果たしてできるのかっていうのは一般論として思いますよね。宮さんだって『俺いつまでできるんだろう?』ってのはずっと口にしてるし。そういう中でどこまでやるかなあって。そしたら、まあ、若々しい画面をつくってますよねえ。ビックリしました」

――だから『ハウル』って大絶賛の嵐ではなかったじゃないですか、評価としては。でも僕は、あのおばあちゃんが雨の中を歩いていく場面、あれは宮崎アニメのピークのひとつだと思ったんですよ。

「(笑)。そうですか」

――やっぱり撮れてるなあと。だけど雨の中を歩くおばあちゃんっていうのは、今までの宮崎アニメのものとは違うよな、宮崎さん、違うところに行こうとしてんのかな、あるいは違うところに――こういう言い方をすると宮崎さんに怒られちゃうかもしれないけど行かざるを得ないのかなあという感触をちょっと持ったんですよね。だからやっぱり『ハウル』っていうのはいろんな意味で、宮崎さん自身も自分の作風やいろんなものと向き合ういいチャンスだったのかなって気がしますけどね。

「ああいうものつくったから今回できるんでしょうね、それはそう思いますね。なんか元のとこに戻ってるっていうか、新しい宮崎駿の誕生ですよね。まあ今回の映画って……いわゆる彼の得意技ってあるじゃないですか、空飛んだりその他が一切出てこないですよねえ。それでもおもしろいものつくるんですよねえ」

――きっと禁じてると思います。必要もないと思いますね。

「実はそれを一番強く感じたのは『もののけ（姫）』のときだったんですけどねえ。僕はあの作品はビックリしたんですよ、そばにいて。それこそ空を飛ばないし、何でそういうことをやめるんだろうって。一方でいろんな人が宮崎アニメの集大成っていってたけど、まるで嘘。僕は『もののけ』を見たとき新人監督の作品みたいだと思ったんですよね。だってムッチャクチャじゃないですか。漲《みなぎ》るエネルギーでしょ。描かれたテーマが大き過ぎてそれを整理し切れないおもしろさでしょ。それをこんな歳になってつくるのかあと思って。五十代の末であれは驚きましたね。それでいうと逆だったのが『千と千尋（の神隠し）』ですよ。むしろ自分の得意技だらけ。こっちが集大成だなあと思ったんですけどね（笑）。それでどうしてくのかなあと思ったら『ハウル』であなるわけで。もっともあれやれっていったのは僕なんですよね（笑）」

――鈴木さん的には『ハウル』ってどこか物足りないんですか？

「いや、僕はおもしろかったんですよ。公私共に付き合ってきたでしょ、そうしたらあんなおもしろい作品ないんですよ。彼の場合、いろんな意味でそばにいる人にしかわからないんですけれど、常にある種の自叙伝なんですよ。その要素の一番濃い作品、そこがおもしろかったですよね。よくこんなものつくるなあと思って。大人の映画でしたよね、あれは。でもその中に唯一さっき申し上げたような幼児ものとしての優れたシーンを偶然誕生させちゃう。あれはおもしろかったですねえ。宮さん自身がそれを指摘したとき喜んだんですよねえ。あんまりみんながいってくれない部分だから。それをまあ僕は偶然、感じたわけですよ（笑）。それをいえたのが、僕との関係がまだあるってことだなあ、なんてことも思ったし」

——いや、その社員旅行から何から鈴木さん、優秀なプロデューサーやってますね、相変わらず（笑）。

「特に大したことやってるわけじゃないですけどね。日常をどう楽しく過ごすかっていうことだけをやってるんですよ、いつも（笑）」

——普通のプロデューサーだったら疲れ果てちゃいますよね。

「そうっすかねえ。だっておもしろい人なんですもん。こんだけつきあってきても飽きないですよ。いまだに新鮮ですよね（笑）。やっぱり進化してくんだもん。それを見てるのがおもしろくて。相変わらず過去は引きずらない人だし。常に新鮮、今を生きる。過去は全部忘れます」

——七月公開は大丈夫なんでしょうね。

「お陰さまで今回は一〇〇パーセント大丈夫なんです。こんなことをあんまり今からいうとマズいんですけど、絶対大丈夫です。いつもだと順調に遅れてるんですけど、今回は順調に進んでますね（笑）」

——期待してます。

「ぜひ期待して下さい、はい。僕はそういいます」

（『ＣＵＴ』二〇〇八年三月号掲載）

誰も読んだことのないジブリ史
――作品づくりを支えるもの

『となりのトトロ』は、公開当時、大苦戦を強いられた。大コケともいえる成績だった。しかも、『トトロ』と同じく大きな予算と労力を注いだ『火垂るの墓』との二本立て上映だったのだ。普通のアニメスタジオであれば、きっとここで潰れてしまっただろう。しかし、ジブリは潰れなかった。潰れなかったどころか、ここから日本を代表するアニメスタジオへと成長していくのだ。なぜジブリにだけ、そんなことができたのか。ジブリには鈴木敏夫がいたからである。鈴木敏夫は、続く『魔女の宅急便』で、テレビ局とのタイアップという宣伝戦略に踏み切り、起死回生の大ヒットへと導く。重要なのは、このときの鈴木を支えていたのが、「作品をつくり続けたい」というプリミティブな思いだけだったということだ。そして、そのピュアな思想性は、巨大なブランドとなった今においても変わらず、ジブリの作品づくりを根底から支えている。

今年の夏、『崖の上のポニョ』は、鈴木の念願だったアメリカ進出を果たし、トップ10に入るという見事なヒットを記録した。この十二月には、ジブリ初のブルーレイ化というトピックも控えている。そんななか話を聞いたインタビューは、とてもエモーショナルなテキストになった。誰も読んだことのないジブリ史になっていると思う。楽しんでもらいたい。

ジブリにコンピュータ導入

——今日は、『(崖の上の) ポニョ』のブルーレイをなぜ出すことに決めたのかというところを伺いつつ、後半は、前々から聞きたかった鈴木さん自身についての話をと思っているんですけども。まずは、『ポニョ』のブルーレイなんですが、鈴木さん、元々はブルーレイにはそんなに前向きではなかったですよね?

「それはもう、まったく」

——それはなにゆえ?

「要するにまだ発展途次の技術で、完成形ができてなかったから」

——では、今回やろうと思ったのはなんでなんでしょう。

「僕は自分が編集者だった時代から印刷の技術なんかが好きだったんですよ。印刷技法についての本を読むのも好きだったし、現場の人と話すのも好き。そういう僕の〝弱味〟を突いてくる人がいてね、とある人を紹介されたわけですよ。それが圧縮の名人っていわれている、パナソニック（ハリウッド研究所）の柏木（吉一郎）さんっていう人なんですけどね。まずその男に出会ったことが裏切りだったたですね」

――これならできるぞと。

「ブルーレイ版の『ポニョ』の映像を扱うのがこの人だっていうことを世間に発表しちゃってからは、ネット上で大変なんですよ。要するに柏木さんがやるんなら誰も文句いわないわけですよ、そのぐらいすごい人だった」

――実際に作業を始められてどうでした？

「いや、もうさすがでしたよね。僕、ジブリの作品って、抽象的にいっちゃうと映像の最大の特徴はやわらかさだと思ってるんです。ところが、ブルーレイっていうのはクッキリハッキリ細部まで見えると。すると、ぶつかるんですよ。どういうことかといったら、ブルーレイをやるっていうことになれば、普通なら、細部に至るまでクッキリハッキリを追求するでしょ。ところが僕らの要求はそこを甘くしろなんですよ。そうすると限りなく普通のDVDに近づくんです（笑）。そうしたら、その柏木さんが悪戦苦闘、試行錯誤のなかで、僕らにいろんなものを見せてくれたんですよね。『たぶん鈴木はこれを気に入るだろう』っていうやつを出してきてくれたので、それでうまくいきましたけどね。作品の内容自体に関わる問題があったわけで、僕は、ブルーレイなんてずっと先のことだって思ってたんですけれども、やっちゃったんですよね」

——逆に、ブルーレイをやられたことでなんか見えてきたこともあるんじゃないですか？

「やっぱり……個人的にはクッキリハッキリ感が好きなんですよね（笑）。だから難しいんですよ、自分のなかで分裂があるんですよ。でも、職業的にはやわらかい画面にしなきゃいけないわけでしょ？　そう考えると、今できあがったものは、いわゆる普及版のＤＶＤとは解像度がまるで違う、なおかつやわらかい画面、奥行きもあるものができたんでね。まあ嬉しいといわざるを得ない」

——そのブルーレイの映像をご覧になって、宮崎（駿）さんは何とおっしゃってたんですか？

「見てないです」

——見てないんだ？

「いまだにＤＶＤもまだあんまりよくわかってないんだから（笑）」

——（笑）。そんなことないでしょう。

「最近ＤＶＤっていうものがあるっていうことを知ったぐらいで、ブルーレイに関しては何にもわからない。いや、もう自分でね、決めちゃっている人なんですよ。彼が見るのは、いまだにＶＨＳ」

——嘘でしょ？（笑）。

「ほんとです（笑）。だから、宮崎駿の自宅はもちろんのこと、彼の仕事場にもＤＶＤの再生機っていうのは置いてないんです。むしろそれを自分の誇りというか、自慢の種にしてるんですよ。だから、必然的に僕がやんなきゃいけない。しかも彼の代わりに彼の好みを実現するっていうのが僕の仕事でしょ？　面白いですよ」

――それは、なにゆえなんですかね、すごく保守的なのかな？

「あのね、やっぱり『自分の理解の外のものは嫌だ』なんですよね」

――携帯も嫌いですもんね。

「元々、最大に嫌いだったのはコンピュータなんですよ。今だから話せますけどね、大変でしたよ、ジブリのコンピュータ導入は」

――へえ（笑）。

「ワープロまでは喜んだんですよ。なんでかっていったら、最近の若いスタッフは字が下手。ところが、ワープロで打つと読める。そうすると、『ワープロっていうのは、鈴木さん、いいねぇ』っていう。ところがね、ある日、コンピュータで折れ線グラフかなんかをつくったわけですよ。それを見て、宮崎は『ダメだ、コンピュータは！　手で書いたほうがわかりやすいんだ』、『鈴木さん、当分コンピュータを禁止にしよう』っていい始めるんですよ」

――（笑）。

「だけど、いろんな会社がコンピュータを入れているときだったし、当然スタッフはみんな欲しがるでしょ？　僕悩んでね、『あ、そうだ』と思いついたんですよ。Ｍａｃのノートパソコンがちょっとワープロに似てた。これを大量に買ってみんなの机に置いたんです。そうしたら、宮さんが『鈴木さん、なんでこんなにワープロが必要なんだ』っていうからね、『今、ワープロが必要なんですよ』っていってね（笑）。これね、証拠がある。『耳をすませば』って映画があるでしょ？　宮崎駿が絵コンテを描いたんですけれど、（主人公の）雫のお母さんがワープロを打つシーンっていうのがあるんですよ。それがＭａｃになってるんです」

――ははは。

「でも、そうこうしてるうちに本格的に導入しなきゃいけなくなる。その場合、でっかいデスクトップですよね。僕、これほんと悩んでね、どうしたら宮さんを納得させられるかなと思ってね。ある日思いついたんですよ。彼、将棋が好きなんです。だから、将棋のソフトを買って、彼は僕のところによく来るから、そのたびにパッと画面を切り替えて将棋をやってみせるわけ。『鈴木さん、これ将棋できるの？』、『そうですよ、ちょっとやってみます？』ってやり始めて。『結構強いねぇ』なんていい始めたから、『将棋やるんだったらちょっと一台入れてみます？』って彼の机の上に置いたんですよ。そしたらね、将棋三昧」

――ははは。

「ところが、ある日、僕の机の上に置き手紙があった。『僕は騙されない』って（笑）。誰か吹き込んだやつがいるんですよ。冗談みたいだけどほんとの話なんです」

――すごいですねぇ。ジブリって幼稚園みたいなんだな（笑）。

「それが日々楽しいことの素。是非『耳をすませば』を見てください」

――じゃあ、宮崎さんはＭａｃをワープロだと思って使ってたんですね。それはいいエピソードですねぇ。

「でしょ？　僕、その『僕は騙されない』っていう置き手紙、いまだに取ってあるんです。『二度と将棋はやらない』って書いてあった」

――はははは。

薄氷を踏みながらの独断

「でもね、そうこうするうちにしょうがなく導入しましたけどね。で、今回の『ポニョ』に戻るとですね、手描きなんですよ。これ、うたい文句でしょ？　要するにデジタル文明に対する、宮崎駿の壮大な批判・批評ですよね。でもまあ、コンピュータも使わざるを得ないシーンでは、いっぱい使っていますけどね（笑）」

――そうですよねぇ（笑）。

「そういう面白い話、話し出したらきりがないぐらいいっぱいあるんですけどね。ひとつだけいっていいですか？　『千と千尋』のときですけどね、冒頭、千尋が車に乗っていくと不思議の世界へ行く手前でお地蔵さんに会うんですけど……あのお地蔵さんってね、当たり前なんですけど立体的なわけですよ。つまりCGでつくってある。それに紙を貼り付けて手描きのように見せかけたんですけどね。これを見たアメリカ人の記者が、『今度の作品はCGをいっぱい使ってらっしゃいますね』って聞いたわけです。でも、宮崎は『ひとつも使ってません』って（笑）。そうしたらね、そのアメリカの記者も驚いちゃって、『最初のお地蔵さま、あれCGに見えるんですけど違いますか？』、『違います』、『え？じゃあ、どうやってやったんですか』って（笑）」

――（笑）。鈴木さんはそこで脂汗をかいてるんですか？　それとも笑ってるんですか？

「知らん顔してるんですよ（笑）。現場の連中はひどいんですよ、『CG』、『3D』っていうと宮崎が怒るでしょ？　ある日考えたやつがいるんですよ、『立体』って」

――ははは。

「これ、バカにしてるみたいだけどね、ほんとの話なんですよ。僕はその担当者をつかまえて怒りましたよ（笑）」

――鈴木さん、面白すぎて、話つくってません？（笑）。

「いやいや、面白すぎてって、事実は小説より奇なりなんです、ほんとに（笑）。本人に会っててわかるでしょ？　大変な人なんですよ、あの人は。採用試験に面接官として宮さんが登場すると、普通はやっぱり緊張するじゃないですか。そしたらしゃべるのは宮さんばっかりで相手にしゃべらせないんですよ。挙句の果てが、『面接っていうのはよくわかんない。どうしてだろう』っていうから、『自分がしゃべってるからですよ』って……（笑）。宮さんについて語るならそういう話はいくらでもありますよ。はい、元に戻しましょう」

――（笑）。はい、じゃあ話を戻しまして、ブルーレイと同じように『ポニョ』に関しては全米公開という大きな話題があって。しかも、なんと興行成績のトップ10に入ってしまったという。かなり気合いを入れたアメリカ市場参入だったし、アメリカにおける上映態勢も非常に強かったわけですけど、このへんは鈴木さんはどんなふうにご覧になるんですか？

「あのね……『ポニョ』っていう作品なら、もしかしたらアメリカでうまくいくかもしれないって初めて考えたんですよ。その前の『千と千尋』にしろ『ハウル（の動く城）』にしろ……非常に日本的な作品だと思っていたし、となるとちょっとアメリカでは無理だろうなと。ただ、『ポニョ』に関しては、世界中いろんなとこで公開していて、特にフランス、イタリア、ドイツ、それからアジアはみんなうまくいってたんですよ。ただアメリカだけがなかなか難しかったんです。これだったら勝負してもいいかなってちょっと考えたんですよね。それでまあ、スピルバーグのプロデューサーでキャシー（キャスリーン）・ケネディっていう人がいてね、この人と十年間ぐらいお付き合いしてきたので、それで彼女に頼んでかつてないスクリーン数――九百二十七かな？　それでやってみたんですけどね。ただまあ、結果はね、そんな簡単ではなかったですけどね」

――トップ10に入ったっていうのは鈴木さん的には何点なんですか？

「目論見でいうとね、やっぱり五十点」

――お、そんなもんですか？

「僕はね、一位になりたかった。キャシーと話したら、九百二十七では難しいって教えてくれたんですけどね、最低二千は必要だって」

――なるほどね。

「最初の週末なんか三・五億円いくんですよ。これ、日本の普通のペースでいくと百億ぐらいは計算できるんです。ところがアメリカは最初の一週目で終わりなんですよね。日本とアメリカの興行の違いを思い知らされました」

――でも手応えは充分、感じられたんじゃないですか？　評価もよかったじゃないですか。

「おかげさまで絶賛です。東部西部はうまくいったんですよ、ただアメリカの真ん中は難しかった。これには一言ではいえないようないろんな理由があるんですけどね……ただひとついえること、それはもうアメリカが英語の通用する国じゃなくなった。これがすごく大きい。英語がわかんないんですよ。だから向こうの大衆娯楽映画ってね、セリフがわかんなくてもわかる映画じゃなきゃいけない。その基準でいうと『ポニョ』はやっぱり外れるんですよ、台詞を聞いて初めて面白い部分がかなりあるから。それが前提だからこれはもう大変。映画っていっても別もんですよね、絵だけでどうやって面白いものをつくるかってことになりますから」

――なるほど。何はともあれ、このブルーレイの『ポニョ』に市場がどう反応してくれるのか、すごく楽しみですよね。

「楽しみですね……でも、僕はどっちかっていうと『ポニョはこうして生まれた。～宮崎駿の思考過程～』のほうに興味があるんですけどね」

――あの物量。十二時間半ですもんね。

「人間・宮崎駿を捉えたかったんですよ。やっぱり神聖視されちゃってるでしょ、でも、そうじゃないんですよ」

――機嫌の悪くなるときはどこまでも悪くなる、みたいな（笑）。

「（笑）。そう、宮崎駿の真実を見てもらう絶好の機会だと思うんだよね。これ内緒で出すんだ、本人に」

――またまた。嘘でしょ？

「ほんとに知らないんです」

――すごいことやりますねぇ（笑）。

「この作品を世に出すことは、僕は意味があると思っています。そういうときは独断ですね。いつも薄氷を踏んでるんですけど」

ジブリをつくるっていうのが僕の仕事

――今回のインタビューのテーマは、「スタジオジブリ、その現在、過去、未来」っていうのを考えてるんですけども。まず世間はジブリの創設者のように鈴木さんのことを思ってますけども、実際には鈴木さんの前にも社長はいたわけですし、鈴木さんが、徳間（書店）の社員との二足のわらじを履きながら、ジブリにどう関わるようになっていったのかっていうところからお話を伺いたいんですけども。

「僕はそもそも、『アニメージュ』の編集をやってたんですけど、実はやっぱり、ジブリをつくるっていうのが僕の仕事だったんですよ。ここから話さなきゃいけないんだけど、映画をつくるときって拠点が必要ですよね？　それで『（風の谷の）ナウシカ』をつくろうと思ったとき、その拠点探しがまず一番大きなポイントだったんです。それで宮崎駿がかつて在籍していた会社を回ったんですよ、手伝ってくれないかって。そしたらね、なかなか首を縦に振ってくれる会社がないんです。どういうことかっていったら、当時宮崎駿は世間的にはまだ無名だったけれど、業界では大変有名で、彼が来て働くことによってその会社に何をもたらすかっていったら、終わったあとにはぺんぺん草も生えないみたいな

（笑）。要するに高畑（勲）、宮崎のコンビっていうのはね、いろんな会社を回ってきたけども、彼らが在籍した会社はそのあとダメになるんですよ。みんなそれを知ってるから引き受けてくれないわけです。そんなとき、雑誌をやってた関係で付き合っていたトップクラフトっていう会社があって。実をいうと、東映動画をやめたあとの宮さんたちの仕事ぶりについてはあんまり知らなかったんですよ（笑）。それで引き受けてくれた。ところがやっぱりね……ほんとに申し訳ないんだけれど、『ナウシカ』が終わったあと、やっぱり解散しちゃったんですよね。それで、次の『（天空の城）ラピュタ』をつくるときに、しょうがないからもう一回、前も回った会社を回るんですよ。『ナウシカ』の成功もあったんで、今度は引き受けてくれるんじゃないかなと思ったら、やっぱりどこも引き受けてくれないんですよね。じゃあ、自分たちで会社をつくんなきゃいけないっていうことになってね。当時はいい時代ですよね、（社長の）徳間康快に『会社つくっていいですか』っていったら、『つくれつくれ』っていわれて。でもまあ、会社つくるっていっても、どうやってつくったらいいかわからないじゃないですか。それで総務の人に相談に行ってね、『会社つくりたいんですけど、どうしたらいいですかね』っていったら、『知らねえよ』っていわれて（笑）。そうなると自分で考えなきゃいけないわけでしょ？　それで、まず本屋さんに行くんですよ。何を買ったかっていったら『株式会社の作り方』」

――はははは。

「だってなんにもわからないんだもん。もうそこからですよ」

――そのときの鈴木さんは徳間書店のサラリーマンでありながら、それとは別に宮崎駿、高畑勲が映画をつくれる環境を整備するために別の会社をつくらなければいけないと。その財政的なところは徳間がやってくれるとして、でも実際のオペレーション自体は鈴木さんがやらなければいけないと。そういう立場だったわけですよね。

「そうです。しかもね、なんの肩書きもつけてくれないわけですよ。このいい加減さ(笑)」

――新会社設立執行委員長とかそういうのもなかったんですか?

「何にもないですから。だから、大変だったんです」

――そこで一番聞きたいのは、そこで鈴木さんを動かしたものは一体何だったのかっていうことなんですよ。

「宮さんの作品をつくりたかったんですよね。それだけ」

――そうなんですね。『ナウシカ』をつくるときにもそうやってグルグル回ったわけですよね。本来鈴木さんは『アニメージュ』をつくってりゃいいわけですよね。ところが必死になってやるわけですよ。

「でもそのときにね、もうひとつ大きいことがあるんですよ。『アニメージュ』っていわゆるアニメ情報誌だから、人の作品を扱って取材して云々するわけですよ。ところが、人の作品を扱うのが面倒くさくなってきたんですよね。そしたら自分たちでつくって、それを取材したほうが楽だなっていう。それはありました。だったら宮さんの作品をつくりたいっていうことで、ジブリのスタートですね」

――そのときの鈴木さんの頭のなかには、この会社は自分がやらなければいけない、あるいは将来的に自分がやってかないと回らないだろうっていうような発想もありました？

「ないです、考えてたのは最初の一本だけですから。だからこのとき最初に決めたことはね、社員は三人だけ、あとのスタッフは全部『ラピュタ』という企画のために集まってもらう、で、作品が終わったら即解散。これしかないといったんですよ。ところが成功しちゃったんですよ。そしたらまたやるかっていうことになるわけ。でも、そのとき僕、相変わらず『アニメージュ』の編集長ですからね。だから、僕が正式にジブリに所属するのはもう少し経って、『おもひでぽろぽろ』からなんですよね」

――そうか、『（となりの）トトロ』と『火垂る（の墓）』の頃は、鈴木さん、ジブリの社員じゃないんですね。

「『火垂る』、それから『魔女（の宅急便）』もね、僕、ジブリの肩書きなしでジブリをやってるんですよ。正確にいうとそういうことなんです」

ヒットは関係なかった

——ジブリは幸福なスタートを切るわけじゃないですか。『ナウシカ』も当たる、続いて『ラピュタ』も当たる。その大ヒットを見て鈴木さんはどう思ってました？

「あの頃はね、ヒットは関係なかったんですよね、つくるほうが面白かった。だから、まだ宣伝の〝せ〟の字もないですよ」

——結果が出てよかった、これで次のつく品をつくれるって感じなんだ。

「『ナウシカ』が成功したでしょ。『ラピュタ』も成功したでしょ。ところが、『トトロ』と『火垂る』、これにまったくお客さんが来ないんですよ」

——そこを聞きたいんですけれども。二本目まではよかったわけですよね。ところが次で……あえて僕の言葉を使うなら大コケするわけですよ。

「大コケです、ほんとに大コケ、全然お客さん来ないんですよ」

——しかも、ハンパじゃない金と労力をつっ込んじゃったわけじゃないですか。

「そうです。でもね、何にも痛痒《つうよう》は感じなかったんです」

——え？　なんでなんですか？

「そういうもんだと思ってた（笑）。なにせつくれることが楽しかったから。責任者は徳間康快だと思ってたし、『俺は関係ないよ、つくるだけだ』って。でも、『トトロ』のコケ方は尋常じゃないですよね。来たお客さん四十五万人。だから、後に『千と千尋』でね、初日に四十五万人来たときに、僕は泣いたんですよね、『トトロ』と『火垂る』のために。だって五週間やって六十二万人しか入らなかったわけでしょ？　それが一日でクリアだもん。だから、僕は『千と千尋』は恨んだんですけどね。僕が初めて、映画ってヒットさせなきゃいけないって考えるのは『魔女』です、それも『魔女』をつくってる途中から」

――そこでまた聞きたいんですけど、『トトロ』と『火垂る』はコケるじゃないですか。

「はい、コケました、大コケ」

――普通の流れでは、これでもう映画はつくれなくなるわけですよ。本当ならもう絶望ですよ、映画つくれない、俺はどうしたらいいいって。でもつくらなくちゃいけない。そこで、『魔女』が現れるわけですけれども。で、『魔女』をどうつくるかっていうと、鈴木さんは、別のところから資金を持ってくるわけですよね。

「それはちょっと違うんですよ。徳間康快なんですよ。徳間っていう人は、新しいことをやるのをみんな後押ししてくれた人なんです。失敗してうまくいかなかったとするじゃないですか？　すると過去は水に流す人なんです、忘れちゃうんですよ。しかもね、その年、徳間康快は『敦煌』っていう映画をつくってるんです。そうするとね、彼はジブリの社長及び『トトロ』のゼネラルプロデューサーでありながら、自分の作品である『敦煌』に肩入れしているわけですよ。彼のなかには『トトロ』対『敦煌』っていう構図があった」

――え？（笑）。

「これ、ほんとなんですよ。観客動員は『敦煌』が勝った、ここまではよかった。ところがその年の映画賞は『トトロ』が総なめ。怒ったんだよ」

――ははは。

「ここなんです。亡くなっちゃってるから僕が証言しちゃうと、実は全ジブリ作品のなかで徳間康快は『トトロ』だけ見てない」

――へぇ。

「それぐらい恨んでた。だから世間の人から、なんで『トトロ』の『2』をつくらないのかって質問がいっぱい来るでしょ？　徳間社長がいい出さなかったことも理由のひとつです」

――でも、宮崎さんもつくろうとはしなかったんじゃないですか？

「まあね。でも、やっぱり徳間康快なんですよ。『魔女』のときだって徳間がそういう人だったから、要は面白いものをつくればいいんだって、そういう意識しかなかったんですよ」

――でも、『魔女』っていうのは、僕はものすごい作品だと思うんです。作品のクオリティもさることながら、ヤマト運輸がスポンサーになった映画で、まずタイトルに「宅急便」という商品名を入れて、かつ主人公の仕事を宅急便屋にした。そして、黒猫ですよね、クロネコヤマトですよ。これ、要するに……。

「商業主義の権化みたいな」

――なおかつ、これをあの宮崎駿に飲ませたというのが、鈴木さんのものすごいところなんですよ。

「今真相を話しちゃうとですね……僕はそういうわけで、昼間ジブリにいて、夜は徳間へ帰るっていう生活をしてたんですけどね。ある日、ジブリにある企画が持ち込まれるんです。そのときの話っていうのはね、ある原作がある、と。そこには今おっしゃったような内容のことが全部書いてある。ヤマト運輸っていう会社がお金を出すと。それで実はね、監督のご指名があったんですよ。その監督っていうのは高畑勲だったんです」

――そうなんだ（笑）。

「なんでかっていったら、当時の高畑さんって『（アルプスの少女）ハイジ』とか『（母をたずねて）三千里』で名を馳せてたんですよ。『ハイジ』って平均視聴率二〇・七%。その視聴率に匹敵する観客動員をあの人ならやってくれるっていうことで……そんなの今考えるとビックリするような話なんだけれど、監督は高畑勲でっていうご指名がくるんですよ。でも、『高畑さんこういうのやるのかな、やらないだろうな』と思ってね。それで僕は、宮さんに『こういう話があるんですけどね』って相談したんですよ。そうすると、宮さんが、『俺、〈トトロ〉で忙しいから読めないよ。鈴木さん、読んでみてよ』ってことで。

僕が読んでみたんですけど、やっぱり読んで思いつくことがあるわけですよ。『いやこれ子どもじゃなくて、若い女性の話なんじゃないですかね』、『なんで?』っていうから、『田舎から東京へ出て来て、一人住まいしてる女の子の話なんじゃないですかね。お金もあるし、みんなといれば楽しいけれど、ひとりアパートへ帰ったときの侘しさ、そこを埋めれば映画になるんじゃないですかね』っていったら、『面白いじゃん』っていうことになって。宮崎は面白いんですけどね、若い人にやらせたがったんですよ。それである監督を指名して始まったんです。だけど、諸般の事情でその若い監督ではうまくいかなくて、宮さんがやることになるんです。そういう事情ですよ」

「これが最後でしょう」っていわれて

――ジブリで映画をつくり続けるためのインフラをつくるには、いろいろな橋を渡ってかなくちゃいけなかったわけですよね。

「振り返るといろいろなことがわかるんですよね」

――その橋を渡るためにはこういうことが必要だ、それをやるのは自分しかいないって思ったんだと思うんですよね。

「そういうと、カッコいいですけどね(笑)」

――いや、だってそうだと思うんですよ。成功したから成功物語だけど、失敗したらもう……。

「ボロクソですよね」

――商業主義の手先で、宮崎駿と高畑勲という日本の偉大な才能を殺した男ですよ（笑）。

「ついでにいっちゃうと、『ラピュタ』で初めて特別協賛っていうのをやるんですよ、映画でそれをやったのは初めてなんですよね。僕はそのとき悩んだんです。どういうことかっていったら、テレビは最初から商業主義だけど、映画はピュアだったでしょ？　そういうところにビジネスを持ち込むっていうのは果たしていかがなものかと。でもまあ、背に腹はかえられない、やろうって決めるんですけどね」

――その覚悟ですよね。でも、それでクオリティに何かあったら、俺はもうやらないぞっていう。

「そう、とにかくつくりたかったんです」

――その両方をやり遂げるというガッツと、鈴木さんは「騙す騙す」って連発するけれども、制作者をその気にさせていく、その手腕はほんとマジックに近いですよね（笑）。

「とにかくつくりたかったんですよ。僕は『魔女』だって宣伝までやる気はなかったですから。そしたらあるとき、（配給をしていた）東映のなかであることが大問題になるんですよ。何かっていったらね、要するにタイアップとしてヤマト運輸がくっついてたわけでしょ？　僕の記憶だとね、当時、ヤマト運輸の荷物受け取るところが全国に八千ヵ所、そこで前売り券が一枚売れても八千枚、十枚売れれば八万、こういうことだったんですよ。ところがヤマト運輸はそんな気はさらさらない、つまりヤマト運輸は前売券を買おうなんて気は一切ないんだと。その事実がわかった日、東映のなかで大問題になるんですよ。それで僕が呼び出されるんです。呼び出されて何が始まったかっていうとね、『鈴木さん、我々はヤマト運輸がくっついていたからこの映画を公開しようとしたんだ』と。これは詐欺だと怒られるんですよ。『大体あなた知ってますか。宮崎さんの作品といっても、僕らが見てるのは、興行収入なんですよ』と、『これが最後でしょう、わかりやすいじゃない』っていわれて。どういうことかっていうと、『ナウシカ』が九・二億円でね、『ラピュタ』が七億円くらいかな？　それで『トトロ』に至っては六億もいってないんですよ。そしたらね、『魔女の宅急便』となると普通は……」

――もう下がっていくに決まってると。

「そうなんですよ。『それを、前売券が売れるっていう保証があったから我々はやろうとしたんだ、一体どうしてくれるんだ』といわれてね。これを聞いて、頭にきてね、それで東映に行ったほんとにその足でね、僕は、ジブリ作品をテレビ放映してきてもらった日テレに行くんですよ。それで、担当の人に、こうこうこういうわけだと事情を全部話したんです。『これヒットして、テレビにかけたほうが日テレも得しますよね』って、『もう途中までつくっちゃってる映画だけど出資しませんか』って頼みに行ったんですよ。それがきっかけで日本テレビが大々的に宣伝してくれることになるんですけどね。だから僕はそういう意味でいうと、東映にはすごく感謝してるんですよ。初めてそういうことに目覚めさせてくれたから。宣伝っていったって何もわからないんですよ、そのときの僕の頭に浮かんだのはね、テレビでやればなんとかなるって、これだけだったんです。ここがポイントだったんですよ」

――いい話じゃないですか。世間はやっぱり、宣伝上手な鈴木さん、テレビをうまく使ってメディア社会を泳いでいく敏腕プロデューサーってイメージがあるけれど。

「なんにもないんですよ」

――実は、むしろそういうノウハウはまったくなくて、ただ作品をつくりたいっていうエネルギーがあるだけで。つくれなくなったらどうする？　じゃあ宣伝を含めてテレビ局に頼るよりしょうがないっていうことで頼みに行くわけですよね。そこにあるのは、なにがなんでも『魔女の宅急便』を実体化したい、作品化したいっていう思いだけですよね。そこで「この野郎！」って拗《す》ねずに、じゃあどうするんだっていうエネルギーに変換していくっていう。

「だからね、東映の担当者にそれいわれたとき、ほんと腹立ったんですけれどね、聞いてみようと思ったんですよ。『宮さんもこれが最後だよね』っていう、このセリフは生涯忘れない。『なんで最後なんだろう?』って、僕は聞きたかったんですよ」

――そのあたりの経緯は宮崎さんは知ってるんですか？

「細かくは知らないはずですけどね、僕は宮さんに何もいわなかったから」

――というのも、宮崎さんから聞いたことがあるんですよ。「映画をつくってると、鈴木さんがすごい顔して帰ってくるんだよね」って。で、「それだけですか？」って聞いたら、「俺はつくるだけだから」っていう。

「僕にとって何が大変だったかっていったら、一方でそういうことをやってるでしょ、もう一方で宮さんに内容のことでいろいろ相談されるわけでしょ？　そうすると自分のなかでの切り替えが必要なんですよ。若い監督を降ろしたのはいいけれど、じゃあどうやってつくるんだって話になったとき、シナリオも途中までしかできてなかったし、テーマも決まってなかったんです。それで、ふたりでね、四、五時間、吉祥寺を歩いて。もう忘れないですよね。井の頭公園をぐるぐるぐるぐる回ってね、井の頭線の駅の真ん前にあったルノアールに入ってね、宮さんが何つくったらいいかわかんないっていうんですよ。それで僕ね、その間にずーっと考えてたんですけどね、『思春期にしませんか？』っていったのを覚えてるんですね。『なんで？』っていうから――あの人、僕がなんかいうと『なんで？』っていうの口癖なんですけど――『宮さん、思春期やってない』って。主人公が十三歳で魔女、どっかの町を探して旅に出なきゃいけない――っていう話ですけど、僕の娘が当時、ちょうど十三歳だったっていうのもあって自分の娘のことをいっぱいしゃべったりしてね。そしたら、宮さんが『思春期か……』なんていい出して、『思春期ってなに？』ってそこで延々また打ち合わせが始まってね。それで『魔女』の骨格ができるんですよ、それ覚えてますね」

「鈴木さんをください」

――それで公開されるや空前のヒットになったわけですけども。どうだったんですか、そのときの鈴木さんとしては。

「やっぱり、ざまあみろですよ」

――ですよね（笑）。

「でも同時にもうひとつ問題が起こるんですよ。要するに、制作予算ですけどね。当時、他のアニメーション映画会社がつくってた長編に比べたら四倍からの予算があったんですよ。ところが、それだけ予算があったにもかかわらずね、三百何人のスタッフをある期間拘束すると、アニメーターひとりあたりの収入が月十万円くらいなんですよ。そうすると年収百二十万でしょ？　当時の基準でいうと普通のサラリーマンの半分なんですよ。ひとり百二十万円じゃ、みんな食っていけないって。それで、宮さんがね、『鈴木さん、もう無理だ、もうやめよう』っていい出すんですよ。もうこれ以上ジブリを続けるのは無理だって。だから、『魔女』が大ヒットする一方で、宮さんがやめようって提案しているという状況だった。最初に立てた方針……企画毎に人を集めて終わったら解散っていうやり方だと、作品と作品の間、みんな不安定な状態に陥るわけでしょ。そうするとこのままじゃやっていけないっていうことでいろいろ話し合ってね、だったらそこをどうやって安定させるかが大きなテーマになってきて。僕としてはせっかくここまできたでしょ、やめたくないでしょ。そしたら、宮さんが『わかりましたよ、鈴木さん、やるよ、やりましょう』って。『何やるの？』って聞いたら、ひとつはスタッフを全員社員化、それで給料をひとり二十万保証、つまり今の倍にしようっていう。そして、宮さんがいい出したのが『だったら鈴木さんもジブリの専従になってよ』なんですよ。宮さんっていうのはそういう話をしてる途中で、もう徳間康快に電話して（笑）。……あの人はわかりやすいんですよ、『鈴木さんをください』なんですよね」

——そこからまた別の苦難のストーリーが始まるわけですよね。

「実は最後のそれが僕をものすごく迷わせるんですよね……というのはおかげさまで『アニメージュ』って商業的に成功してたんですよ。そしたら、徳間書店が総合誌を創刊するっていうときに、販売部がその編集長に僕を推してくれててね。ジブリかその総合誌の編集長か、これはやっぱり悩んだんですよね」

——総合誌のほうが絶対未来は安定してますね。

「それに、魅力があった」

――鈴木さん、編集者ですからね。

「そう、やりたかったんですよ。これが大きな分かれ目だったんですよね。どういう雑誌をつくるかって頭のなかでプランもあったし。これは悩んだ。でも最後に考えたのは一個だけなんです。誰とやるか。スタッフの問題ですよね。冷静に考えたときに、その総合誌をやる、自分のプランがある、しかしそれを実現するスタッフがいない。そうすると他から導入しなきゃいけないでしょ？　それは現実的じゃないなと思ってね。宮さんの下で、宮さんがいて、僕がそばにいれば何をやらなきゃいけないかわかってるしね。それでまあ、宮さんの下でやっていこうと決断するんですけどね」

――そこで初めて、アニメのスタジオ形式でやってかなくちゃいけなくなったわけですよね。今はジブリっていうブランドがあって、バンバンヒットするみたいなイメージがあるけれども、当時の現実としてはそんな状況では全然ないわけですよね。宮崎さんも二年に一回作品つくってくれるわけではない、でもスタッフは遊ばせるわけにはいかない、でも、僕の表現でいうなら、商業的な成功が約束された資源としては宮崎駿しかいない。

「おっしゃるとおり」

――でも、これはフル稼働しない、じゃあその会社を延々回していくのはどうしたらいいのかっていう。そこで聞きたいのは、次に高畑勲をどうしたのかということなんですけども。

「ジブリは宮崎駿のためにつくった会社だけれど、もう一方で高畑さんの作品もつくりたいっていうのは僕のなかにずっとあったんですよね。それを実現するのが、『火垂る』なんですけどね。『火垂る』と『トトロ』の話にもう一回戻っちゃいますけど、当初の予定では両方とも六〇分なんですよね。でも、やり始めてすぐわかったんですけど、高畑さんという人は、こちらが決めたことに従ってくれない」

――(笑)。

「脚本を書いていくでしょ、そうすると、素晴らしいんだけれど二時間近くあるんですよ。そういうことが平気な人なんですよね。かたや宮さんっていうのは真面目な人だからちゃんと六〇分で考えてくれるんですよ。僕が高畑さんに一二〇分じゃなくて六〇分ですよっていっても一二〇分なわけですよ。それを高畑さんといろいろ詰めてみたときにね、八八分っていうのが見えてきたんですよ。そこで僕が決断しなきゃいけなかったんです。一方で、宮さんも『『火垂る』どうなってんの？』って聞いてくる。『八〇分超えそうですけどね』っていったら『冗談じゃない！』って(笑)。もう一回相談ですよ、ふたりで。何の相談かっていったら、俺も長くするっていうんだけど、急遽二〇何分長くしなきゃいけないわけでしょ？　それで宮さんは悩むわけですよ。『鈴木さんどうしよう、どうやったらいい？』って(笑)。それで出てきたのが今でこそ有名になっているサツキとメイなんですよ。最初はひとりだったんです。これをふたりにすれば長くなるっていう、これが究極の案だった。宮さんっていうのは面白いんですけどね、かたや八八分でしょ、そしたら『鈴木さん、俺は八六分にする』って（笑）。『二分短けりゃね、俺のほうが褒められる』とかバカなこといってる。で、高畑さんのほうに戻ると、結局六〇分の予算の制限もあったし、それからスケジュールも決めてあったでしょ、当然間に合わないんですよ。それで先にいっちゃうと、そのまま公開しちゃった」

――ははは。

「これはちょっと大変でしたけどね。でも、高畑さんの映画をつくりたかったんですよ。ほんとにつくりたかった。でも、そうなると、高畑さんって完成してない映画を封切って、ミソのついちゃった人でしょ？　『おもひで』をつくるっていっても、誰も起用しようとしないんですよ。でもね、『おもひで』っていう企画を高畑さんでやろうっていい出したのは宮さんなんですよ。宮さんはね、一回そうやってミソつけた監督を起用することに燃えるんです。『鈴木さん、やろう』って、それでふたりで高畑さんの家に行ってね。喧嘩でしたけどね（笑）」

――そのふたりは、まあほんとに難しいですよね（笑）。

「でも面白かった。だって宮さんがね……忘れもしないですよ、プロデューサーとして、『おもひで』に関する具体的な案を考えたのは一個二個じゃないんですよ、十何個考えたの。それも高畑さんの家で……しゃべるの宮さんばっかなんですよ。宮さんがこういう案はどうかっていうでしょ、高畑さんはそれをただ一言、『それはダメでしょ』って。また宮さんがしゃべるでしょ、それもダメでしょ、延々続くんですよ。それで十何個案をいって全否定されたあと、宮さんは、『否定ばっかりするんじゃなくて自分でもいえ！』ってね、怒って先に帰っちゃうんですよ。『俺、帰る』って、『鈴木さん、こんな人と一緒にやったってしょうがないんだ』って（笑）。僕が残ってその後ふたりで案を考えて、その夜、宮さんのところを訪ねてね、『こうこういうふうにしますから』、『先にそういうことといえばいいんだ！』って（笑）。それで『おもひで』をやることになるんですけどね」

――（笑）。そんなこと、ほんとに鈴木さん以外誰もできないですよ。

「面白かったんですよね、若かったから」

――でも、ほんとに作品に対する愛だけですよね。

「つくりたかったんですよ、だからまあ宣伝とか興行とかあるけれど、それは税金みたいなもんですよね。やんなきゃいけないっていう。だから一本一本全部面白かったんです」

――鈴木さんのプロデューサー史ってほんと面白いですよ。ほんの一瞬だけ出てきた高畑勲、宮崎駿のツーショットを、そりゃ難しいけれども、何重にもしていくわけですからね。

「出会っちゃったんですよね、やっぱりそれが大きいんですよ、出会って自分から離れてったら終わりだと思ってたんです。どういうことかっていったら、宮崎駿と高畑勲と組んだプロデューサーってみんな一本で終わってるんですよ。その後、そのプロデューサーってろくな末路じゃないんです（笑）。でもね、僕は人間ってそういうもんだと思ってるんですよ。出会って相手が去っていくのはいい、でも自分からは去りたくない、それは決めてたんですよ。高畑勲とあるときやった人がね、『監督がいない』っていい出したことがあるんですよ。『何いってんだ、出会ってるじゃん』って。『なんでそのままやんなかったの』っていうことだと思うんですけどね、だから僕は自分から去ろうとは思わない」

――それは、カッコいいですよ（笑）。

「そう思うんですよ。ある意味で高畑勲から学んだんです。『火垂る』のときに高畑勲にこういわれたんですけど、『自分からは降りない』って、『僕を降ろしたいなら解任しろ』っていったの。勉強になったんですよ、あ、そっかって、俺が解任できるのかと思って（笑）」

――（笑）。聞きたいことの十分の一も聞いてないですけど、時間なので終わりになりますが、これからもやってくださいね。

「しょうがないんで、とにかくふたりの葬式出したいんですよ。それが僕の夢ですよ。やっぱりどっちが殺すかなんですよ、人は。そう思うんですよね。人と人の付き合いっていうのはそれなんですよ、やっぱり。殺されたほうが負けなんですよ」

――鈴木さんすごいですよ、ほんとにすごいと思う。

「何いってんですか（笑）。これ運命なんですよ」　（『CUT』二〇〇九年十二月号掲載）

新しいジブリが始まる
——必然的に起きた奇跡

宝くじに当たったようなもの

——『借りぐらしのアリエッティ』、素晴らしい作品が完成しまして。

「ありがとうございます」

——これを世の中で一番喜んでるのは鈴木さんなんじゃないかと思うんですけども。

「(笑)。あのー、企画者って夢を見る人でしょ？　今回の場合、プロデューサーがふたりいたと思うんですよ。ひとりはプロデューサーであり脚本家である宮崎駿。彼は、こんな作品つくりたいっていう夢を見る人でしょ？　で、僕はそれを現実化しなきゃいけない立場。それでいうとね、ほっとしてるっていうのが正直な気持ちですよ。ただ、僕なんかが最初に思ってた作品の枠は超えました。非常にウェルメイドなものをつくってくれたんで。まさか麻呂（米林宏昌）がここまでやるとは思わなかったんですよ」

——そんな麻呂さんを監督に推薦したのは、鈴木さんなんですよね。

思いつきだったという。

──それも、ものすごく調査をして、自分の中で呻吟した結果というわけではなく、実は思いつきだったという。

「そうなんですよ」

「そうです。ほんっとに思いつき」

──「おまえ演出できるか？」っていうことを話したことは本当に一回もないんですか？

「一度もないです。それどころか、あいつが会社に入って十何年ですけどね、口もきいたことなかったんです」

──（笑）。口もきいたこともない！

「だから、僕が指名したときにね、それを知った麻呂がほんとにびっくりしたわけですよ。口きいたこともないのにっていう（笑）。とにかく宮崎駿が『（借りぐらしの）アリエッティ』っていう企画を決めた。設定も考えてくれたし、脚本も書いてくれた。だけど監督はどうしたらいいか。こればっかりは僕もどうしたらいいかわからなかったし、宮崎駿だって悩んでたんです。そういうときに宮崎駿という人はね、『監督どうすんの、鈴木さん』って、僕を突然、会社の責任者扱いするんですよ（笑）」

──はははは！

「そういうときには必ず具体的な答えをいうんです。抽象的な返事はしないんです。誰かの名前をいわなきゃいけないんですよ。要するに彼が要求しているのはね、その人が本当に向いてるかどうかは置いといて、具体的な名前をいうことによって動きだすことなんです。そこで、思いついたのが麻呂だったんですよ。そりゃあね、あえて理由を探せば、彼がアニメーターとして腕がいいとかね。それから、後輩の面倒見もいいんですよ。先輩たちからもかわいがられてる。それをよく知ってたんです。絵がうまくて、みんなから慕われる、そしてかわいがられる。これだけ条件があれば、みたいなこともあったのかもしれないですね。でもその程度ですよ。だから、麻呂の名前出したとき、一番驚いたのは宮さんですよ。これは僕の推測ですけれど、宮さんは自分が次の映画を撮るとき、その右腕は麻呂に決めてたはずなんですよ。僕が麻呂っていったとき、彼は、すごく困った顔になったの。だってここで麻呂が監督になっちゃったら、要するに自分の計画は破綻するわけでしょう。で、『麻呂』っていったら、彼は力なくね、フッて、ほんとに困った顔して、『……いつから考えてたんだ』って（笑）」

――ははははは。

「そこで僕はもう、いっちゃいましたよね。『二、三年前です』と」

――はははははは！

「大嘘ですよ。でも、そこで僕が、『いや、今思いつきました』っていったら終わりだったんです。『二、三年前からです』っていったら、宮さんが思い切るようにね、『じゃあすぐ麻呂を呼ぼう』と。だから極論すれば他の誰でもよかった。でも、麻呂だったんですよね」

——天才的ですねえ、鈴木さん。

「いやぁ、そばにいるとそこら辺がね、わかりにくいですけどねえ。とにかくね、麻呂という奴は、昼になると、奥さんとふたりで手繋いでよく歩いてきてたんですよね（笑）。その普通、そういうところを見られたら手を離すでしょう？　麻呂は離さないんですよ。その図太さも知ってましたしね。で、（絵が）うまいってことは知ってるわけです。それでいてみんなの評判がいい。それは徳があるってことでしょ。だからといって演出ができるわけじゃないんだけど。ましてや、いつも奥さんとここで昼飯食べてたなんてなんの関係もないわけだし。なんですかねえ」

——いや、天才っていったのは麻呂さんもそうなんだけど、鈴木さんのことですよ。要するに、この才能を判断できた鈴木さんがすごい。

「や、それは嘘ですよね。やっぱり僕はねえ、運がいいんですよ（笑）。宝くじに当たったようなもんなんですよ。しかも相当な宝くじに。だからほんとに偶然なんですよ」

——でも、麻呂さんからは、「僕は監督はできません。なぜなら僕は思想とか、本来監督が持つべきものを持っていないからです」ということをいわれたという。

「はいはいはい」

——これは本当なんですか？

「本当です。だからまあ、宮さんが呼びつけてね、『麻呂、これが次の企画だ。おまえが演出やれ』っていったわけですけどね、答えないんですよね……。耐え難い間《ま》が生まれたわけですよ」

――耐え難い間（笑）。

「僕にしても宮さんにしても、早くいってほしいわけでしょう。でも、いわないんだもん！　ただ、あとで考えるとこれもねえ、演出に向いてたんですよ。僕はそう思う。だって簡単に答え出さないんですよ。それで、やっとのことで重い口を開いてなにいうかと思ったらね、『演出って主張とか思想が必要ですよね』って。それから僕がもうひとつ感心したのは、答えを二週間出さなかったこと。原作渡されてから二週間、答えを出さなかったんですよ。普通、原作渡されたらすぐ読みますよね」

――（笑）。そうですね。

「それで、やる・やらないをいうでしょう？　自分のペースなんですよ。だって次の日の朝からね、宮さんが彼んとこ行ってね、『読んだか？』、『いや、まだ』って（笑）。で、午後になると僕が行くでしょ？　それを連日やったんですよ。それでもゆっくりしか読まないんだから。『だって、本読むの嫌いですから』って（笑）」

――ははははは。

「それで答え出すのに二週間。で、挙げ句の果てが二週間後に、ここへ呼んでね、『麻呂、どうなの?』って聞いたら、『他にやる人がいないなら』っていう。それから、強くいわれたのが、『終わったらアニメーターに戻してください』と、これですから(笑)。そのときなんかね、どっちだっていいでしょ、そんなこたぁ。『うん。戻すから』っていってね(笑)」

宮崎駿のプレッシャー

――(笑)。まあ、ジブリにこの新しい才能が生まれたことは、ほんとに素晴らしいことだと思うんですけれども。でも、逆の角度からいうと、新しい才能が生まれなかったらジブリはどうなるんだろうという深刻な局面もあったと思うんですよ。そして、それは鈴木さんがずーっと考えてることだったと思うんですよ。

「いや、生まれなかったらやめちゃえばいいんです。実際ずーっとそう思いながらやってきたし。でも、最近ちょっとだけ欲が出たの(笑)」

――いや、まさに宮崎さんとその話をしたんですけども。宮崎さんは、「いや、渋谷さんね、鈴木さんはやめることを考えているんだよ」と。

「はっはっは」

――とりあえず今は金があると。「ここで畳んで著作権管理会社になれば、退職金も払えるし、残った何人かでやっていけばいいんだ」って。いや、きっとそういうことを鈴木さんは本当に考えてるんだと思うんですよ。

「はいはい」

――で、僕はなんていったかというと、「それは鈴木さんの自分に対する言い訳だと思う」と。あとは、「『アリエッティ』が公開されたら考え変わりますよ」と。鈴木さんは、確かに考えてたと思うんですよ、やっぱり社員に退職金を払える段階で閉じなくちゃいけないっていうことは。

「それはねえ、正確にいうと違うんですよ。僕はずーっとやめることを考えてるんですよ。もう最初から」

――まあそうかもしれないですね。

「だけどね、続けられるうちは続けようって。それで、それが気がついたら二十六年になっちゃってね。僕が今ささやかに思ってることはね、じゃ三十年ぐらい行こうかなあって。ただ、麻呂が出てきた。じゃあこれでジブリは安泰か、なんて考えないですよね。だって二本目がどうなるかまったくわかんないもん」

――でも、出てきたってことは大きいでしょう。

「うん。その瞬間はやっぱり嬉しかったですよね。でももうね、終わったんですよ」

――(笑)。終わったって。

「終わったってのはなんでかって、嬉しいのは実はつくってるときなんですよ。今回はね、実をいうと彼に張りついたんですよ。それで絵コンテを描かせてね、ずっと横にいながら、要するにほんとに編集者をやったんですけどね。そのときは嬉しかったんですよねぇ。なんでか？　こいつ才能あるなあって（笑）。才能のある人に会えるって、やっぱり楽しいですよね。だけど、麻呂って奴はものすごく念が入っててねえ。というのも、絵コンテ描くときにね、映画なのに説明みたいな絵コンテを描くんですよ」

――ほーう。

「お話がね、順番に並んでんですよ。それが面白くもなんともなくてね（笑）。『これなに？』って（笑）。『映画って説明すんじゃないからね。面白くなきゃいけないんだから』って。『いや、だから、これをどうしますか？』って聞いてくるんですよ」

――ははははは。

「だから僕ね、しょうがなく、じゃあどこを端折《はしょ》るかっていう話をしたら、次の日、そのワン・シークエンス、あっという間に持ってきて、見てくれって。それがすごいんですよ。『これだよ、俺が欲しかったのは！』って。で、次の日になるでしょ。ま一たおんなじことやるんです。それで、『やり方がもとに戻ってるね』って（笑）。それを繰り返したの。びっくりしましたよ！　つい最近知ったんですけど、『麻呂さあ、今だから聞くけどね、なんで今ある絵コンテを最初から描いてくれなかったの？　あんときほんとにしんどかった』って話をしたらね、宮さんの原画のときもそうしてるんですって。僕、びっくりしたんですよ。要するに宮崎駿に要求されるでしょう。それを順番に描くそうなんですよ。それでいろいろ宮さんにいわれるでしょ。それを聞いて、この人の求めてるのはこれなんだなってことを具体的に把握したうえでしか本物は描かないんですよ。わかります？　この合理主義」

——というか、『アリエッティ』ってそういう映画じゃないですか。

「でも、そんなことやる奴、今まで見たことないもん！」

——その丁寧感があの映画なんです。

「慎重なんですよ。無駄なことを一切やらない。これはびっくりした」

——ほんとそういう映画ですよ。

「まあねえ……」

——それこそここでパーンと車が爆発する、これ気持ちいいよなあ！　っていう発想の人がほとんどなのに、麻呂さんは、そうじゃないんです。

「抽象的じゃないんですよ」

——全然違うんです。

「僕、コンテができ上がってくるの見たでしょう？　そしたらね、台詞のあるシーンとないシーンでやり方が見事に違うんですよ。簡単にいうと台詞のあるシーンは、バストアップにしていて、作画は簡単にしてあるんです。逆に台詞がなくなるとそこが見せ場になってるんです。これの繰り返しでしょ？　僕ね、『あのさあ麻呂』って途中で聞いたんですよ。『これ、緩急がついてるじゃん』って。そしたらね、『いや、スケジュールがないんで』って（笑）」

——はははは。

「普通デビュー作でそんなこと考える奴いないですよ！（笑）」

——素晴らしいじゃないですか。

「びっくりしちゃってねえ。だから僕はそのときにね、『あのね、麻呂。こぢんまりしたもんにしちゃだめだよ。デビュー作ってのは破綻したっていいんだ。破綻しなきゃいけない。ほんとはこういうことやりたいのに、こういうふうにしかできなかった、っていう息吹のあることをやった奴が、次にまた面白いもんつくるから』っていったら、『はい』っていいながらね、ペースを変えないんですよ」

——やっぱり、そんなことでは揺らがないんですね。

「これまでね、実をいうとジブリの幻の新人監督って山のようにいたんですよ。たいがい一週間目、二週間目に、十二指腸潰瘍で入院とかね。いろいろあったんですよ」

——それはなんでなんですか（笑）。

「……宮崎駿のプレッシャー」

——はははは。僕からいえなかったことをいっていただきました！

「宮崎駿っていう人の存在そのものがね。ていうか、存在そのものじゃないな、さっきの話ですよ。『読んだか⁉』。これですよ（笑）」

――はははは。

「だって、始まったらすぐ来ちゃうんだもん！　だから、コンテ書き始めるときにね、僕は某所に麻呂を閉じ込めたんですよ。『麻呂、コンテどうする？』、『まあ自分でやるしかないすかね』、『宮さんのチェックは？』、『なしでお願いします』って（笑）。それで、ふたりで宮さんにいいに行ったの。そしたら、『よし！　俺は口も手も出さない！』って、かっこよくね、宮崎駿がいいました！　でも、僕はそんなこと信じないからね」

――はははは。

「『麻呂。とあるところにアジトがある。そこでやろう。会社来なくていいから』って。そしたら次の日から大変ですよ。宮さん、『麻呂はどこ行った！』」

――はははははは！

「もうね、麻呂と親しいスタッフひとりひとり呼びつけて、『麻呂はどこにいるんだ⁉』って（笑）。でも誰も口割らなかった。わかってんですよ、みんな。宮さんが介入したら破綻するって。宮さん、僕のところへ来てもね、自分が麻呂を捜し回ってることなんておくびにも出さないで、さりげなくいうんですよ。『なに、鈴木さん、麻呂はどっかに籠もってコンテやってんだって？』っていうから、『ええ、そうですよ。そのほうが集中できると思ったんですよ』、『へえー』なんてね、それ以上しゃべんないんですよ。で、その次にこういうんですよ。『鈴木さんもさあ、タッチしないほうがいいよ』」

——はははははは。

「『俺も口は出さない、手も出さない。鈴木さんもそうすべきだ！』って。僕がね、『いや、そういうわけにはいかないと思うんですよ、僕はプロデューサーだから』、『だめだっ！　せっかく麻呂がその気になってんのに、鈴木さんが介入するとだめになる！』とかいっちゃってね（笑）。もう、大変だったんですよ（笑）」

——それ、もう笑うしかないですよ。鈴木さんと宮崎さんってもうマンガのコンビですよねぇ（笑）。

「でも自分がね、そのアジトを探しまくってるってことは遂に僕の前では一回も吐かなかったんです。でも、ほんっとにしつこく調べてたの、毎日。でも誰も口割らなかった。これ、みんな麻呂のためだったんです」

——最高に面白いんだけど、これ宮崎さん読みますよ。いいんですか？

「いいです。事実なんだから（笑）。それで誰かが麻呂に会ってきたらしいっていうのを聞くとね、すぐそいつのところに行ってね、『どうだった？』ってね（笑）」

——（笑）。

「じゃあこの話をしますけど。あのね、こういうことがあったんです。『アリエッティ』

の制作が会社で始まったでしょ。そしたらね、（三鷹の森ジブリ）美術館用の短編を自分がつくるといい出したんですよ。これまで美術館用の短編ていうのは、自分がある程度のことをやったら、あとは誰かに任せるってやってきたんです。でもね、今度のは『俺が自らやる』っていうんですよ。なんでかなあと思ったら、会社の二階が絵を描く場所なんですけど、そこにスタッフルームをつくりたいっていい出して。で、毎日そこに俺も出社するっていうんですよ（笑）。僕、見に行ったんですよ。そしたら、麻呂の席が見えるところへ、自分の席を置いてるんです（笑）。つまり監視を始めたんです」

――（笑）。

「これだけはさすがにねえ、麻呂がね、『宮崎さん、あそこにずっといるんですか？』って聞いてきた」

――面白い。

「大変でしたよ。挙げ句の果てにはね、高畑勲が今新作に取りかかってるんですけど、その準備を『アリエッティ』の制作中からやることになったんです。で、場所をどこにしようかって話になって。僕は本当は、会社の三階でやってもらおうと思ってたんですよ。そしたらね、それを聞きつけた宮さんが『鈴木さん、だめだ！』、『なんすか？』、『パクさん（高畑の愛称）にも二階でやってもらおう』」

――はははは。

「それで、なんと『アリエッティ』チームを、高畑・宮崎が見守るっていうレイアウトができるんですよ」

――ひどいですねぇ（笑）。

「もう麻呂はたまったもんじゃないですけどね、こういう状況下、やったんですよあいつは。神経が太い」

――すごいですねえ……。

「だから僕、最初の二ヵ月ね、麻呂を部屋に閉じ込めたの。こないだいってくれましたよ、『あの日々がなかったらできなかったです』って。いや、嬉しかったですね、それは（笑）」

宮さんの作品をつくるためにつくったジブリ

――宮崎さんは、鈴木さんは「ジブリを閉じるとしたら、最後にふたりで映画一本つくって終わりましょう」ということを思ってるとおっしゃっていて。まあこれも鈴木さんの本音なのかなあと思うんですけども。

「だって、宮さんの作品をつくるためにつくったジブリなんですよ。よくも悪くもね。新しい人にはね、場は提供しますよ。提供するけど、勝手につくってほしいですよ。後進の育成とかね、本当は関係ないもん（笑）。もっとはっきりいえばね、やっぱり宮さんの作品をつくりたいから、『アリエッティ』をやらなきゃいけなかったんですよ。そういうことでしょ？」

——宮崎さんの理屈はまったく逆ですけどね。

「へえ、なんすか？」

——自分の映画はともかくとして、ジブリを存続させるために、俺は『アリエッティ』を職人としてつくらざるを得ないんだ、っていう。

「それ嘘ですよ（笑）。嘘に決まってんじゃないですかそんなの！　自分がやるための予行演習ですよ。それでなきゃ盛り上がらないもん。だからもうね、ほんとにねえ、まいったんですよ（笑）。宮さんはね、建て前をつくるのが好きだから、『鈴木さん、俺考えたんだ』、『なんすか』——あのね、こんなこと今まで一度もいい出したことはないんですよ？いきなり『ジブリの中長期五年経営計画っての考えたんだ』ってね（笑）」

——ははははは。

「それで、三年で若手に二本つくってもらって、最後にもう一本やろうって。建て前はね、『その大作をやるのは誰だかわからない』とかいうんですけどね。そんなの自分に決まってるじゃないですか！」

——（笑）。面白いなぁ、鈴木さんと宮崎さん、最高のコンビですね。

「そうやってやってきたんですよ」

——どうしてそこまで信頼関係を築けるのか、不思議ですけどねえ。

「いやぁ、なんか、ねえ？　もう三十三年ですからね（笑）。でもほんと、『アリエッティ』が完成したのは嬉しかったですねぇ。だってね、去年の暮れのことなんですけどね、ほんとに最大の遅れがあったんですよ、今までのジブリ作品の中で。しょうがないからメインスタッフに集まってもらって。で、『麻呂さあ、これまでは自分のペースでやってきたけども、これからはそういうわけにはいかない。麻呂、おまえね、みんなもいるんだし、決意を語ってよ』って、いったんですよ。そしたらまたおんなじ。しゃべらないんですよ。じーっと考えてるんですよ。みんなね、沈黙。全員が麻呂を見てますよね。なにいうかなあと思って。隣にはタケちゃん（武重洋二）ていう美術の親分とか、みんないたんですよ。それで黙ってたらね、また耐え難い間《ま》が生まれ……」

――はははははは。

「みんなね、まあ当たり前のことでいいやと思ってたんですよ。がんばろうとかね、お願いしますとか。そしたらパッと顔上げたんですよ。で、なにをいったかって、いきなり『……できるんだろうか？』」

――はははははははは！

「これはねえ、みんな、ほんっとにびっくりした！　そういうときってね、こちらも間《ま》が生まれるんですよ。こいつなにいってんだ？　っていう（笑）。そしたらタケちゃんがね、麻呂の肩に手を置いてね、『麻呂。おまえわかってんの？』って（笑）」

――はははは。

「それが去年の十二月ですよ。それで年が明けてから怒濤の快進撃ですよ。あいつはなかなかのもんです。心臓に毛が生えてるんですよ、あんな顔しながら。それでこの間《かん》ね、いろんなインタビューで、僕に聞こえてきたんですよ。『二度と監督はやりません』て。こないだね、ふたりでインタビュー受けたときに聞いてみたんですよ。『二度と監督やらないって話してるんだって？』。そしたら『へっへっへー』って。しゃべんないんですよ、インタビュアーの前では。で、そのあと写真撮影でね、ふたりで奥のほうへ行った瞬間、小さい声で、『表面、にこにこしてますけど、つらかったんです』って（笑）」

――すごい間《ま》ですねえ！

「『さっきの答えを今頃いうのか！』っていうね（笑）。なかなかの奴です」

――でも、鈴木さんすごいですよ、その交通整理。若い奴なんて知ったこっちゃないとかね、強がってますけれども、誰よりも若い人のことを考え、全体の整理をやるという。

「はい。はい」

――そのまんま走ってくださいよ。

「はい。わかりました！　ありがとうございます！」

〔前編・二〇〇九年六月三十日収録〕

消えていかなきゃいけないのは、宮さんと僕だ

――大ヒットおめでとうございます！

「ありがとうございます！　でも、もっといきたい（笑）」

――ははは！　でも、ほんとにすごいヒットで。

「恐らく新人監督の記録でしょうね。麻呂がよくやってくれました」

――鈴木さんの当初の目論見としてはどれぐらいいくと思っていたんですか？　これぐらいの勢いは想定してたのか、それとも予想以上だったのか。

「うーん、だいたい予想通りなんですけどね。なにしろ宮崎駿じゃないでしょう？　そうすると興行はどれくらいいったらいいのかなって。生意気ない方なんですけれど、これまでね、『猫の恩返し』が六十四億円、『ゲド（戦記）』が七十五億円。このぐらいは、努力すればなんとかなるかなあと思ったんですよ。だけれど、もっとやらなきゃいけない事情ができてきちゃったんですよ。原因は麻呂なんです。あいつがね、いろんなインタビューでいい出したわけですよ、『二度とやりません』て」

――ああ（笑）。

「こないだも話したような気もするけれど、『実はしんどかったんです』っていうからね、『そんなのわかってるよ！』って。ともかくあいつをその気にさせるにはね、要するに、

『（崖の上の）ポニョ』並みのヒットにしないと（笑）」

――はははは。

「そこまでいけばね、あいつもやらざるを得ないかなっていう（笑）。僕、実をいうと、そこからエンジンかかってね」

――ほーう。

「宣伝ていうことでいうと、『ポニョ』の一・五倍ぐらいやってますよね。そうすればある一定の数字になって、あいつだって引っ込みがつかないだろうっていう（笑）」

――ははははは。

「いやまあ、宣伝すりゃお客さんが来てくれるってもんじゃないですけど、でも、これまでの経験だと、やればやるほど、その方向さえ間違ってなきゃあ、お客さんは来てくれるので。それであいつをその場に立たせたい。それが僕の目論見です（笑）」

――それが、ある意味『アリエッティ』のすべてだったという気がするんですよ。というのも、この『アリエッティ』っていうのは鈴木さんの映画だなあと私は思っていて。

「いや、あれは麻呂の映画ですよ（笑）」

――いや、鈴木さんの映画だと思うんですけども。まあ当然、米林（宏昌）さんの映画ではありますよ。ただ、ジブリとはなにかっていうことを考えたときに、その長い物語の中において、『アリエッティ』っていうのはやっぱり、画期的な作品だったという気がするわけです。

「はい」

——まず、多くの人はジブリ、イコール宮崎駿だと思っていると思いますけれど。

「そうですね、はい。それは事実ですよ」

——うん。でも、それだけじゃない部分があると思うんですよね。高畑勲さんもいるし、他の演出家もいたし。現実的に高畑さんの『(平成狸合戦)ぽんぽこ』みたいな大ヒット作もあるし。ジブリというのは、あくまでもアニメ制作スタジオなわけで、宮崎駿さんはその中のひとりの監督でしかないわけですよ、本来的には。ただディズニーがそうであるように、アニメスタジオっていうのはひとりの演出家が……。

「そう、だいたいひとりの人ですよ、影響を与える人は」

——そうですね。でも、そこから何人かの演出家が出てきて、スタジオとして機能していくというのが、サバイバルの方法だと思うんですよね。たとえば、ピクサーのように。

「そうですねえ」

——そして鈴木さんは誰よりもそれをわかっているんですよ。でも、宮崎駿の才能の巨大さもわかっている。この前のインタビューでお話をしたんですけども、宮崎さんは鈴木さんと心中するつもりみたいで(笑)。

「いや、僕もそうですよ。最初の出会いのとき、僕、宮崎駿にいいましたからね。『落ちぶれても付き合いますからね』。これがスタートなんですから（笑）」

――それは本当にいい話だと思うし、きっと本当にそうなんだと思うんですよ。宮崎さんは芸術家だから、それでいいと思うんですけれども、でも鈴木さんはビジネスマンだから
――まあ鈴木さんの中における文学は宮崎さんとの心中を選ぶと思うんですけれども、でも鈴木さんは文学だけでできている人じゃなくて、ビジネスマンとしてもできている人なんですよ。

「そうかな？（笑）　僕、そんな才能ないですよ」

――いや、才能あると思うんですよね。で、ジブリっていうスタジオを維持していく、そういう役目もやっぱり担わなければいけない。

「あんまり考えてないすけどね」

――いーや、考えてますね！

「はははは」

――次の演出家を生んでいく、もっといってしまうと宮崎駿以外の資産をどう生んでいくかということをずーっと考えてきたわけですよ。

「ジブリの不幸はね、僕がそういうことを考えてないことにあるんですよ」

――いーや、そんなことないです！

「（笑）。また意見が一致しねえなあ。だって、宮崎作品をつくるためにつくった会社なん

ですよ。だから彼が終われば、ジブリも終わる。そう思ってましたよね」

――でも、宮崎さんてそんなに都合よく作品をつくってくれないじゃないですか。

「まあ、そりゃあね。うん」

――やっぱり芸術家だから、自分の中での必然が生まれないかぎり、つくってくれない。

「そうすねえ。うん」

――でも、スタジオは維持しなければいけないわけですよ。

「まあその間《かん》は維持しなきゃいけないですよね（笑）。そりゃあ僕は努力しますよ」

――だから、宮崎駿の作品をつくらせるっていうことが目的かもしれないけれども、それをやるためにはスタジオとしてのジブリが、ちゃんとビジネスとして回っていかなければいけないっていう。

「ああ、そうですね。素晴らしいですねえ！」

――（笑）。自分でやってることじゃないですか！

「（笑）。いやいや。振り返らないことにしてるんで」

――ということを、鈴木さんはずっと努力してきたわけですよ。

「辻褄合わせたぐらいですけどね」

――普通、その辻褄は合わないんですよ。

「最初から、三十年だと思ってたんですよ、僕は。これねえ、ある映画の影響でね。『仁義の墓場』ってのがあってね。実在のやくざの人生を描いたドキュメンタリータッチの映画でね。深作欣二監督なんですけどね」

――ああ。

「石川力夫ってのはね、やくざの世界で伝説の人で。簡単にいうと、戦後、不良たちが集まって、自分たちで集団つくってやっていく。それで、日本が落ち着いていくんだけど、それでも落ち着くことができなかった男。やくざ界においても、野獣だった人たちがそうじゃなくなっていく中で、野獣のままだった人の話なんですけどね。この人が、最後ね、刑務所で自殺するんですよ。そのときにね、刑務所の壁に、いたずら書きするんです、壁を彫って。そこに書くんです、『三十年の馬鹿騒ぎ』って」

――なるほど（笑）。

「そのときに思ったんですよ。ああそうかと。そのときはまだはたちそこそこでしたけど、人の一生って三十年なんだなあと。そうすると、俺も三十年間ぐらいは馬鹿騒ぎできるのかな、って。最初からそう思ってるんですよ。で、気がついたらね、だいぶ近づいてきてるんだ今（笑）」

――ははははは。

「でね、ついこないだね、宮さんに話したんです。『だいたい三十年じゃないですか』っていったら、『鈴木さん、そんなこと考えてるんだ！　そうかぁ。三十年なんだ』ってね

（笑）、本人もすごく納得してね。『じゃあ俺もやる』っていい出したんですよ。『わかった。帳尻合わせるよ』って（笑）」

馬鹿騒ぎじゃ済まない立場に

――鈴木さんの思いというのは、それこそ宮崎さんと三十年の馬鹿騒ぎをやろうということだったと思うんですが。

「そう。そうです」

――ところが、三十年の馬鹿騒ぎをやるためにはなかなかそれだけじゃ済まないわけですよね。スタジオジブリもいつの間にか人が増える、家族が生まれ、子どもが生まれる。

「そうです」

――そうすると、馬鹿騒ぎじゃ済まない立場に、だんだんだんだん鈴木さんは追い込まれるわけですよ（笑）。

「（笑）。でもねえ、こないだ麻呂が面白いこといい出したんですよ。あいつ、『もののけ（姫）』のときにジブリに入ってるんですね。新入社員として入ってきたら、そこで僕がね、挨拶でいきなりなにいったか、あいつよく覚えてんですよ。『いや、びっくりしました』、『なんでだ？』、『やっとのことでジブリ入った、そしたら鈴木さんは、アニメーターっていうのは職人なんだから、腕を磨いて、どこへ行っても自分で食えるようになれ、っていう』」

——はははは。

「『入ったばっかりでそれいわれたから、相当びっくりしましたよ』って。でも僕、本心なんですよね。いまだにそうだし」

——それも本心だし、宮崎駿と心中しようというのも本心だし、三十年の馬鹿騒ぎというのも本心なんだけども、でも、とにかく鈴木さんはずーっと責任を負わなきゃいけないんです（笑）。だからまあ、こういう言い方もなんですけれども、僕も立場は一緒だからよくわかるわけですよ。僕も三十年の馬鹿騒ぎでロッキング・オンを始めて。「ロックなんだし、おまえらなんか知るか。俺はロックで大騒ぎして、既存のメディアを引っ掻き回してやった」っていうつもりで始めたけれども、知らない間に会社は大きくなる、社員はどんどん増える。俺は俺で、「ロックだ！」って突っ走ってきゃあいいかもしれないけども、そうもいかないわけですよ（笑）。で、会社を維持するためにいろんなことをやるわけですよ。

「こないだ僕ね、頭にきたことがあってね。宮崎とも話したんですけど、おかげさまでジブリにいろんな方が取材に来ていただけるじゃないですか。そしたらね、たとえばカメラ持って取材に来る人はね、一日前までに、申請書を出さなきゃいけないって。そんなルールができてたんですよ。僕あったまにきてね。『なんでそんなバカなことやるんだ！』と。

要するにある人に、『明日取材したいけど、申請書出してない』っていわれてね。『そんなもん関係ないじゃないか！　いつからジブリはそんなに偉い会社になったんだ？』ってね、すごく頭にきたんですけどねえ。またあるとき、宮さんとふたりで歩いてたら、入り口のところにね、『許可なく中に入らないでください』って紙が貼ってあるんですよね。しかも、英語付きで。ふたりでつい、じーっとその紙に見入っちゃってねえ（笑）」

——はははははは。

「心ん中はね、『いつからこんな会社になったんだ？』っていうね（笑）」

——（笑）。だから現実はどんどんどんどん変わっていくわけですよね。

「そうなんですよねえ……」

——で、鈴木さんには、幸福なことにビジネスマンとしての才能があってしまったわけですよ。

「いやぁ……」

——自分はなかなか認めたくないでしょうけれども。ジブリの歴史を見ると、鈴木さんがいなければとっくに瓦解している、そういうものだと思うんですよね。

「（笑）。ああ……」

——で、鈴木さんは自分の中の文学とビジネスを、無意識のうちに常に統一しながら、うまーいバランスでジブリを運営してきたんですよ。ただやっぱり、常に宮崎駿ありきであると。宮崎駿にどう映画を撮らせるかっていうのが常にテーマとしてあったわけです。

「うん。それはそうですね」

――でも、そのためにはある意味、いろんな矛盾が生まれてくるんです。

「そうなんですよ」

――宮崎駿に映画を撮らせるためには、スタジオを維持しなければいけない。ということは、新しい才能を生んでいかなければいけない。それは宮崎さんの映画をつくるために。

「そうなんですよ（笑）。その通り！」

――ところが、宮崎駿という人は困った人で、その才能を壊してしまうんですよ（笑）。

「そうそうそうそうそう（笑）」

――宮崎さんのためにつくっているスタジオの新しい才能を、なぜか宮崎さん自身が壊してしまうという、そういう絶対矛盾を起こすわけですよ。

「起こしますねえ（笑）」

――そこで鈴木さんは、これをコントロールしなければいけない。

「そう！　大変なんですよ。いや、宮さんだってね、悪気はないんですよ？　一生懸命やってるとそういうことが起きちゃうんです」

――そうです。過剰な愛情によって、才能を潰してしまうわけですよ。

「そうです。おっしゃる通り。だからときにはね、隠さなきゃいけない（笑）。大事なことはね、あのスタジオの中じゃできなくなったんですよ（笑）」

――（笑）。たとえば、（宮崎）吾朗さんに映画を撮らせたっていうのは、鈴木さんの吾朗さんへの愛情ではなく、やっぱり宮崎駿さんへの愛情だったと思うんですよ。

「なるほどね」

――宮崎駿にどう映画を撮らせるか。そして、新しい才能をどう生んでいくのか。宮崎駿との確執の中でサバイバルできる人って、いったい誰なのか……「あ、息子だ！」。

「はっはっはっはっ！　脳裏をかすめたことだけは確かですね（笑）」

――で、吾朗さんに、ちゃんと映画を一本撮らせた。それはスタジオジブリにとって、生命線を維持するひとつの大きな役割を果たしたと思うんですね。

「起きた事実としてはそうですね」

――これはもう、鈴木さん以外できないことですよね。まあ本来的には、宮崎駿と拮抗する、あるいは宮崎駿とは別の意味での大きな才能が生まれてきてくれるっていうのが一番いい台本ですよね。

「ま、そうですね」


運なんか一ミリもない！

――ただ、それはもう夢物語なんですけれども。そうすると宮崎駿っていう才能を活かすスタジオ、プラス、スタジオそのものが自立して、宮崎駿と拮抗するものを生んでいかなければいけない。しかもそれは宮崎駿の逆鱗《げきりん》に触れない形でなければいけない（笑）。これ、ものすごい小さな針の穴を通すような作業なんですよ。

「（笑）。そうなんですよ。さすがですねえ！　感心する（笑）」

――それができるかできないか。そして、それをやらせることができるかどうかっていうのが、鈴木プロデューサーにとってのライフワークなんですよ。ただ、そういう夢を抱きながら、結局は宮さんと心中して終わるのかなあ、というふうにもきっと、鈴木さんは思っていた。

「そうそうそうそう！　すごいなあ」

――ところがですね、奇跡が起きたんですよ、そんなジブリに！（笑）。

「はははははは！　いやーあ、まだわかんないけれど」

――もちろん麻呂さんがこれから撮り続けるか撮り続けないかは知りません。ただ、今現在宮崎駿に拮抗し得るだけの、しかも宮崎駿が諸手を挙げて称賛する、そういう奇跡の才能が生まれてしまったわけですよ。

「キラッと光ってますよねえ？」

――ていうか、半端じゃないですよ。

「うん、だからね、この次はどうなるんだろうってやっぱり思うんですよ。面白いですよね、ドラマとして」

――だからこれは、鈴木敏夫っていうひとりのプロデューサーにとっての、ながぁい物語の、ひとつの大きなクライマックスですよね。

「(笑)。いやいや。だから僕はもう単にね、運がいいとしか思えないんですよ。とにかく運がいい(笑)」

――運はよくないです。

「(笑)。え⁉ よくないですか?」

――運、いいわけないじゃないですか!

「(笑)。なんで?」

――運がよけりゃ最初の一、二年でそんな才能が生まれてきてましたよ。運なんか一ミリもない!

「(笑)。そんな!」

――だって、運なんか一ミリもなくて、それこそ一個一個、一個一個、息子に撮らせるとどうなるんだろう、高畑勲との力関係はどうなるんだろうとか、そういうようなことを何十年にわたって鈴木さんは試してきたわけですよ。

「まあ、そうですけどねぇ」

――それは、いうまでもなく、ものすごく大変な作業だったわけですよ。

「あのねえ、越路吹雪の旦那さんが書いた文章ってのがあるんですよ。これが面白かったんですねえ。越路吹雪っていう人を育て、なおかつ死ぬまで歌わせる。それをがんばった人ですよね、あの内藤（法美）さんていう人は。ああそういう仕事があるんだなあってことを思った時期はありましたけどねぇ」

――だから、ふたつやっているわけですよ、鈴木さんは。宮崎駿のマネージャーっていう部分と、スタジオジブリのオーガナイザー、社長という部分。それは本来的には統一されてるものであったはずなんだけども、いつか矛盾するものになってきてしまった。

「そうですね」

――それを統一的にやっていくっていうのは、すごく大変なことなんだけれども、とにかくやり抜いた、鈴木敏夫という人は（笑）。それは宮崎駿という怪物のような才能があったから、っていうのがあるけれども、やっぱり鈴木敏夫も怪物でしたよね。

「いやいやいやいやいや。だから宮さんはおかしいの。磨いたらどんどん光ってくるわけでしょう？　こんな面白いことはないですよねえ。だって一歩間違ったらね、『なんか隅っこのほうに変な奴がいるよ』で終わるわけでしょう？　それを磨いて、ど真ん中に持ってくるっていうのは、面白い仕事でしたよね（笑）」

――だからちゃんとメインストリームでやらせて、そこで歌ったり踊ったりさせたんですよ、鈴木さんは。

「(笑)。ひどいこといってるなあ」

――いや、それはすごいことなんですよ。「宮さんうまいじゃないですか、歌も踊りも！」みたいなことをいってね。たとえば、『魔女の宅急便』にヤマト運輸というスポンサーをつけて、その縛りの中であの映画を撮らせた鈴木敏夫と、その縛りの中であれだけのものをつくった宮崎駿。あれは日本映画史における奇跡ですよ。

「ありがとうございます」

――ほんとにそう思う。それはこのふたりがいなきゃ、絶対にあり得なかった。そういうことの積み重ねが、なんと！　この予想外のクライマックス、『借りぐらしのアリエッティ』っていう作品を生んだんですよ。

「(笑)。そんな！」

――いや、これは必然ですよ。もう、運なんかむしろ必要なかった。そうした意味で、鈴木敏夫の数十年のライフワークの、ひとつのクライマックスがこの『アリエッティ』であったっていう。それはやっぱり鈴木さんにとって、かなり感慨深いものじゃないかなあという(笑)。

「あのねえ、僕、正直いっちゃうとねえ、あれはいつだっけかなあ……なんかの瞬間にふとね、珍しく、寂しさを感じたんですよ」

――ほお！

「あのときかな。二宮和也くんがインタビューに来てくれたときかなあ。また二宮くんという人がインタビュアーとしてすごい人でね。びっくりしましたよ。彼はひとつ道が違ってりゃあ、有能な記者になってますね」

――へえ、頭がいいんですね。

「麻呂とふたりでインタビューを受けてね。麻呂にとってはそれが初めてのインタビューだったんですけどね。僕はそこにおいてもね、麻呂の運のよさを思ったんですね。麻呂にはいろんな可能性がある、それを思ったときですよね。こいつもしかしたらすごい奴なんだな、って思った瞬間。そうすると、そこで消えていかなきゃいけないのは、宮さんと僕でしょ？（笑）それはほんとに思ったんですよね」

――それを思えるってのはまたすごいことなんですよ。

「え、なんで？（笑）」

――そこで普通は舞い上がるんですよ、「やったぁー！」みたいな。

「そうじゃなかったんですよ、うん」

――それは、事実をどれだけ正確に見ているかっていうことなんですよ。

「とにかくその萌芽が生まれた、それを自分で自覚したときにね、ふっとね、訪れましたよ。もしかしたらこいつすごい奴になるな、って。そこに立ち会ってるわけでしょう？そりゃドキドキしますよね」

——スタジオジブリにとっては素晴らしい才能の発見でしょう？　それを今度は、鈴木敏夫が育てていけばいいだけじゃないですか。

「いやぁ……どうなんですかねえ？　ま、ともかくね、まだわかんないけれどね、『アリエッティ』が本当にあり得ないヒットをしたら、麻呂は、次をやらざるを得なくなる。僕が今思ってんのはそれだけだから（笑）。だからそのためにね、この映画に関してはヒットさせようとしたし、今もその努力をしてます」

——実際、ヒットしているじゃないですか。百億はいくでしょう。

「まあ、皆さんそうおっしゃってるんですけれど。ねえ？　どうなるか、うん、楽しみです」

——それは彼にとってものすごいプレッシャーだと思うし。

「でもなんにも関係ないんですよ、あいつやっぱり大物ですよね。そういう数字が云々されてるわけでしょ、それからこの間《かん》、キャンペーンその他で山のようにインタビューを受けてるわけでしょ？　でもスタジオ帰ってくるとね、なんにも変わってないんですよ。こりゃあ初めて見た！　こんなのいないもん！　僕なんか心配性だからね、映画公開初日の舞台挨拶その他、嫌ならいいぞっていったのにね、『挨拶ぐらいならやります』って（笑）」

——ははははは。

「しかもやるたびにうまくなっていく。感心してますよ。でも相変わらずいろんなところでいまくってるんですよ、『二度とやりません』て（笑）」

――（笑）。鈴木さんってすごいなあと思ったのは、そんな麻呂さんに監督を頼もうと思った理由ですよ。このインタビューの前編で、スタジオの外を見ると、彼がかみさんとふたりで手を繋いで歩いてると。これはなんなんだと（笑）。

「目が合ってもね、手を離さないんですよ」

――「こいつはすごい！」って、演出を頼んだっていう。

「はい。ほんとですよ」

――で、なぜすごいと思ったのか。宮崎さんには撮れない、最大の苦手なものである恋愛。それを麻呂さんはなんの衒《てら》いもなく、まっすぐに描くってことですよね。

「そうそうそうそう」

――『アリエッティ』の最大の売りはそれですよ。

「なるほど」

――ジブリ史上、画期的な恋愛映画になってる（笑）。

「恋愛の部分についてはねえ、ほんと感心した。あのー、宮崎駿の場合はね、もう会った瞬間、お互い一〇〇パーセント好き同士なんですよ。普通だったら起こり得る、自分はそう思うけど相手はどう思ってるんだろうとか、そういういわゆる駆け引き、打算の部分ね、普通はそのやり取りを描くものが恋愛でしょ？　ところがそれが一切ない。それは宮さんの大きな特徴ですよね」

——そうですね。

「ところが『アリエッティ』においては、感情の機微があるわけでしょう（笑）。ジブリ史上初めてですよね、そういうものを描いたのは」

——宮崎さんのそれは恋愛というか、僕にいわせりゃ思い込みってやつで（笑）。

「ははははは」

——恋愛ではないですよね。出会った瞬間、すべてが了解されてるって、そんなことあり得ないわけで。

「いや、だからねえ、ちょっと話を変えちゃうとね、要するに宮崎駿の描く男女関係って、非常に特殊なんですよ。もうひとつの特徴はね、必ずスキンシップがある」

——そうですね。

「それはもう、『（未来少年）コナン』然り。『（天空の城）ラピュタ』ではね、いきなり抱き留める。それから『ハウル（の動く城）』でもすぐ肩に手を回すとか。『千と千尋（の神隠し）』ですら、ハクと出会ったときにね、もう手が回ってるしね。そうすると、好きっていうのと肉体的接触が必ず同時に起こる。ところが、今度の映画でいうとね、段階を踏むでしょ」

——要するに、いわゆる恋愛になってるわけです。相手の目を見て「好き」っていえるわけですよ、麻呂さんは。宮崎さん、それは絶対できないんだけど。好きなんていう前に、「そんなことはわかってるだろう」みたいな（笑）。

「ははははは」

——そういう意味でいうと、まさにスタジオの外で、奥さんと手を繋いで歩いている人の映画ですよ、『アリエッティ』は。だから、それを見て鈴木さんは、「あ、こいつに撮らせよう」と思ったたっていう。

「はっはっは、そこまで考えてたわけじゃないけれど」

——いや、考えてたと思うんです。鈴木さんは、「ああ、こいつは恋愛が描ける！」って絶対思ったと思うんですよ。「これは宮崎駿とは違う！」って。

「それはあらゆる意味で違いますよ、ほんとに。仕事のやり方も全然違ってたしねえ。いやぁ……なんつったらいいかなあ……自分ができることと自分ができないことをほんとにわかってる奴？　それで、自分ができない部分ができる人への信頼？　それはすごいですよね。そこの割り切りっていうのはなかなかできないですよね。普通だと、自分でできなくてもね、もしかしたらやれるんじゃねえかと思って突っ込んでって、それでみんな玉砕するわけでしょう？　ところが、あいつの場合、そこの幻想がないんですよ。で、自分のやれることに特化していく。いやぁ、ちょっとびっくりしますね」

宮さんの次の作品の絵は、麻呂がいい

——僕はこのインタビューで、鈴木さんの「いや、俺がやったんだよ」っていう、そういう発言をとろうと思って来たんですけれども。ところが、それを超える「俺は寂しくなったんだ」っていう発言が出ましして（笑）。

「ははははは！」

——「あ、すげえな、やっぱりこのおっさん！」と思いましたけどね。

「（笑）。なにいってんですか！」

——そこで寂しくなれるってすごいですって！

「終わったあとね、ともかく主要なスタッフみんなで見たんですけどね、『よかった』じゃなかったんですよ、実は。僕がびっくりしたのはねえ、簡単にいうとこういう意見だったんですよ。『もっとやればよかった』、『若かったらもっとできたのに』。スケジュールも短かったし、できる範囲でしかできなかった。主要なスタッフがみんなそういう言い方をするんですよ。それで、客観的に見ると、いつも以上に――『いつも以上に』って言い方しますけれどね――みんな、ものすごくがんばったわけですよ。普段自分の持ってる力を、それこそ一二〇パーセント発揮した。にもかかわらず、みんなをそう思わせるっていうのはなんなのかっていったら、見た映画の内容ですよね。『もっとやればよかった』っていう。で、さっきの話の続きでいえばね、結果として麻呂が、それぞれの人を信頼したわけでしょう。その信頼に応える形で、私が、僕が、やらなきゃいけない。で、やったにもかかわらず、でき上がった映画見てね、要するに、俺の、私のがんばりが足りなかったと思わせた。こりゃあすごいことが起きたなあと思ったんですね。そりゃあ、普通、監督があだこうだいえば、『うん、わかりました。あなたのいう通りにやりますよ』ってなるでしょ？　それでその範囲でやってくから、時として十二分に力を発揮できない。ところがあいつの態度っていうのは、ポジションの違う人たちに対しても、それから自分の本職であるアニメーターに対しても、やれ、やれ、やれ、でしょ？　それでみんながんばる。それが漲ってますよね、全編に。だから面白いことが起きましたねえ。結果としてはね、人の使い方がめちゃくちゃうまかったってことになるんですよ。こういうことって起こるんですねえ」

――それ本当に、鈴木さんが偉いからですよ。その環境をつくったのは鈴木さんなんですから。

「いやぁ……」

――そりゃジブリの最大のすごさは宮崎駿の才能ですよ、宮崎駿と生きたいなあ、ものを一緒につくりたいなあという人たちの集団だから。でも、その人たちを一定のモラルと一定の環境と一定の人間関係と一定の組織の中に置いて、機能させてきたのは鈴木さんなんですよ。そこですごく健全な組織ができていたからこそ、麻呂という才能が生まれたときに、彼らはなんの誤作動もなく、正しく動くことができたわけです。組織ってそううまくは動かないですよ、新しい才能が出てきても。それをつくったのはやっぱり鈴木さんなんですよ。新しい才能が出てきたときに、ジブリっていうシステムが一番いい形で動きだしたっていう。だからこれは鈴木さんの大勝利でしょうっていう、そういうインタビューをしようと思ったんだけども、鈴木さんは、そこで「寂しいと思った」って。

「(笑)」

——それはすっごい面白い。そこで今度は鈴木さんの文学が出てくるわけですよ。

「はっはっはっは」

——宮崎駿との心中っていう文学が生まれてくるわけですよ。それから、すごく冷徹なビジネスマンとしての目線。要するに自分の年齢と麻呂というまだ三十代の演出家の年齢。その最後まで俺は見ることはできないだろうなあという。そうすると、第二の鈴木敏夫が生まれるのか生まれないのかわかんないけれども、そういうのも育てなくちゃいけないし。

「いや、それを初めて思った。ほんとに。うん、初めて思いましたよ。今まで思ったことなかったけれど。最初にもいったけれど、三十年やれりゃいいと思ってたからね。次なんての必要はないと思ってたんだけれどね。でも、麻呂ってのを見たときにね、そういう人間が必要かなあと思って。それで、周りでねえ、いろんな人を思い浮かべましたよね。それも事実ですねえ。思わぬ人がそれになるかもしれないし。それはほんとです。初めてね、誰が相応しいだろうって考えだしたんですよ」

――ほら、鈴木さん、変わったんですよ！　僕のいう通りじゃないですか！

「はははははは！」

――もう三十年の馬鹿騒ぎじゃなくなっちゃったわけですよ。

「そんな馬鹿な（笑）」

――そうですよ！　二代目をつくらなくちゃいけないんですよ。

「いや、だからね、今回のスタッフの動き方を見てて、宮さんのときはどうやったらいいんだろう、ってね、それが頭に浮かんだんですよね。だって、宮さんの場合、やっぱりみんなこういう動きにはならないから。やっぱり宮崎駿は、これまで通り、自分のイメージをみんなに対して提案するし。それでみんな、それを理解したうえでやらなきゃいけない。それは『アリエッティ』とはやっぱり違うやり方なんで、どうするのかなあと思ってねえ……。やっぱり宮さんの下では力を発揮できなかった人が、今回は明らかに力を発揮してるわけですよ。もうほんと、そういうことって起こるんだなあってことの連続でしょ？もう……じゃあいい機会だからいっちゃいますけどもねえ、美術を担当した武重（洋二）ってのがいて。ほんとに彼がいなかったら今回の、いわゆる美術の部分、たとえばキャラクターの背景とかね――今回僕はすんごいいいと思ってるんですけれどね、彼は要するに短い制作期間の中で、やれるだけのことをやってくれたんですよ。僕としてはもう、満足どころかそれを超えてるんです。ところが、彼にいわせるとねえ、それはやっぱり男鹿和雄の遺産なんだと。それが目立つ映画になってて、結局自分はなにをやったんだろう、みたいに思ってるんですよね。それで、もう一回修業し直さなきゃなんていい出しちゃったりしてね」

——素晴らしいじゃないですか。

「僕なんか頭に来てね。『そんなよけいなこと考えないでずーっとやってよ！』って（笑）。『今、おまえさんがそんなこと考えてたらみんなが揺らいじゃうから、よけいなこと考えないで！』って、怒ったりしてね。いやぁ、ほんと、衝撃。いろんな方が『アリエッティ』を見て、みずみずしいとかね、言葉としてはそういうことをいってくれるけれど。それから、特に古いジブリを知ってる人だとね、最初の頃のジブリみたいだとかね、いろんな発言をしてくれます。確かに、今回は僕、宣伝でもね、『新しいジブリが始まる』なんて言葉を入れてみたりしたんですけれど、なんかね、みんなの中にそういうものが生まれたことは確かなんですよねえ」

——そうなんです。

「うん。だからシステムがね、やっぱり、これまでやってきたやり方と違うんですよね。みんな、いきいきしてやってましたよね」

――だから、これは革命なんですよ。

「だからこれを、次にね、どうやって活かすかでしょう？　すーごく難しいですよねえ。悩んでます」

――でも鈴木さんならやりますよ（笑）。

「……（笑）。だって、そこにね、たまさか麻呂っていう奴がいた。彼はもともと、絵が上手なのにいばらない。そのことによって、先輩からかわいがられ、なおかつ下から慕われる。麻呂っていう名前が非常に象徴的ですよね、この作品においては。要するに、米林宏昌っていう名前があるにもかかわらず、誰がつけたか、本名を奪われて麻呂になった瞬間、宿命づけられてたんですよね、たぶん」

――（笑）。

「で、その言葉が表すように、みんなにある自由度を与えるっていうことですよね。それでみんなにね、自分が思ってることをやっていいんだって感情を与えたわけだし」

――いや、ほんとに、必然において生まれた才能だと僕は思いますよ。必然において生まれた、ジブリの新しい運動のシステムだと思うし。

「だからほんとにねえ、作品もそうだけれど、つくり方においてもね、やっぱり起きたんですよ、奇跡が。やっぱり奇跡ですよ。針の穴を通すとおっしゃったけど、ほんとにねえ、針の穴を通すことができたんですよね。でもこれをこれからどうしていったらいいかって、ほんとにねえ、難しいですよね」

――なんで針の穴を通せたかって、いい加減に何回かやって、「あ、入った！」っていうんじゃないんですよ。小さな針の穴をずーっと狙い続けて、そしてついに正確にそこしかないっていう一点を通してしまった、ひとりの人がいるわけですよ（笑）。その人は鈴木プロデューサーという。

「（笑）。そうかなあ……」

――それは鈴木さん以外、誰にもできなかったことなんですよ。

「あのねえ、思ってたことは確かなんです。思ってたことは確かっていうのはね、世間一般でいうと、野球とか相撲とか、いろいろありますけどね、ある日突然出てくるんですよ、その誰かっていうのは。世の中ってのはそういうもんだなあって、ずーっと思ってたことは確かなんですよ。それまでね、たとえば野球だって、相撲だってそうだけれど、やっぱりね、その業界全体を支える人ってね、ひとりかふたりなんですよね、いつも。でも、その人と入れ替わる人の登場って必ずあるでしょう。そういうときって、必ずひとりなんです。麻呂がそれに相当する人なのかっていうことを思ったんですよね」

――いや、相当する人なんじゃないですか。少なくともジブリにおいてはもう絶対にその存在だと思うし。

「うん。そうですねぇ」

——そして、それをつくったのは、鈴木さんなんだけども。でも、そこで寂しくなったっていう。それはある意味でものすごく健全なことなんですよ。「ああ、でも俺はここでどうするんだろう。結局、俺がつくった二代目が、それを苦しみもするし楽しみもするんだなあ」っていう絵まで想定できるっていう健全さですよ。「こいつは俺のものじゃなくて、別の奴のものなんだ。でも、その別の奴も俺がつくんなくちゃいけないんだ」っていう（笑）。

「（笑）」

——いやあ、面白いですよ。宮崎駿も面白いけど、鈴木敏夫も面白い！

「そうすかねえ？　ま、でも、宮さんも張り切りだして、がんばろうとしてますからねえ」

——で、またこの悪徳プロデューサーのすごいところは、新しい才能が生まれたら、これで宮崎駿を燃やそうとするという（笑）。

「だから僕は、もう公的なところでしゃべっちゃうとね、宮さんが次やろうとするでしょ。それの絵描くのは、麻呂がいいと思ってるんですよ」

——ほう。

「宮さんはね、それは無理だっていってるんですよ。なんでかって、もう監督になったんだと。だけれど、それはね、僕の仕事だと思ってるんです。麻呂を手に入れてやったほうがいいものができるんだから。麻呂がどうするかわかんないですけどね」

――だから、『アリエッティ』において、ジブリは、ほんとにまったく新しいステージに立ったんですよ。それはもう、素晴らしい栄光と、素晴らしい困難が、両方生まれたってことですから。わくわくしますね、鈴木さん。

「どうすかねえ。期待と不安とね、それはいつもそうですけれど。ただまあ、この一年間、みんながほんっとにあり得ないような形で仕事をして、ある充実感を味わってる。これだけは間違いないですからね。これは潰しちゃいけないですもんね。どうなるんですかねえ……」

――これからジブリは激動の何年間を迎えますよ。面白いと思うなあ。

「どうなるんだろう……ねえ？」

――それを決めるのは鈴木さんじゃないですか。

「（笑）。いやいやいやいや」

――そうした意味で、この『アリエッティ』っていうのはすごく大きい作品だなあと。

「うん、いろんな意味でね、転換点に来たですよね。それはほんとにそう思ってます、うん。やっぱりね、今振り返るとあるんですよね、転換点て。ジブリの最初の転換点て、作品でいうと『おもひでぽろぽろ』？　みんなを社員化したときですけどね。それと、『もののけ（姫）』ですよね。そこからこうやってずーっとやってきて、もしかしたらこの『アリエッティ』が次の大きな転換点になるかもしれないですよね」

――いや、なると思いますよ。ていうか、もうなってると思います。

「あっはっはっは。麻呂本人がなあ、あの調子だからなあ……」

〔後編・二〇〇九年七月二十四日収録〕
（『CUT』二〇一〇年九月号掲載）

『風に吹かれて』二〇一三年八月　中央公論新社刊

初出一覧

スタジオジブリへの道、そして三十年
〔二〇一三年六月二十五日／同年七月一日　恵比寿・れんが屋にて収録〕
（単行本『風に吹かれて』のための語り下ろし）

常に新鮮――今を生きる、過去を忘れる　『崖の上のポニョ』誕生秘話
（『CUT』二〇〇八年三月号）

誰も読んだことのないジブリ史　作品づくりを支えるもの
（『CUT』二〇〇九年十二月号）

新しいジブリが始まる　必然的に起きた奇跡
〔前編・二〇〇九年六月三十日／後編・同年七月二十四日収録〕
（『CUT』二〇一〇年九月号）

中公文庫

風《かぜ》に吹《ふ》かれて I
――スタジオジブリへの道《みち》

2019年 3 月25日　初版発行

著　者　鈴《すず》木《き》 敏《とし》夫《お》

聞き手　渋《しぶ》谷《や》 陽《よう》一《いち》

発行者　松 田 陽 三

発行所　中央公論新社

〒100-8152　東京都千代田区大手町 1-7-1

電話　販売 03-5299-1730　編集 03-5299-1890

URL http://www.chuko.co.jp/

DTP　平面惑星

印　刷　三晃印刷

製　本　小泉製本

Published by CHUOKORON-SHINSHA, INC.
Printed in Japan　ISBN978-4-12-206711-0 C1195

各書目の下段の数字はISBNコードです。978－4－12が省略してあります。

中公文庫既刊より

あ-18-3
榎本武揚
安部公房
旧幕臣を率いて軍を起こしながら、明治新政府に降伏した榎本武揚。彼は時代の先駆者なのか、裏切者か。維新の奇才のナゾを追う長篇。〈解説〉ドナルド・キーン
201684-2

あ-70-1
若き芸術家たちへ　ねがいは「普通」
佐藤忠良
安野光雅
世界的な彫刻家と画家による、気の置けない、しかし確かなものに裏付けられた対談。自然をしっかりと、自分の目で見るとはどういうことなのだろうか。
205440-0

い-3-3
スティル・ライフ
池澤夏樹
ある日ぼくの前に佐々井が現われ、ぼくの世界を見る視線は変った。しなやかな感性と端正な成熟が生みだす青春小説。芥川賞受賞作。〈解説〉須賀敦子
201859-4

い-3-5
ジョン・レノン ラスト・インタビュー
池澤夏樹訳
死の二日前、ジョンがヨーコと語り尽くした魂のメッセージ。二人の出会い、ビートルズのこと、至福に満ちた私的生活、再開した音楽活動のことなど。
203809-7

う-9-5
ノラや
内田百閒
ある日行方知れずになった野良猫の子ノラと居つきながらも病死したクルツ。二匹の愛猫にまつわる愛情と機知とに満ちた連作14篇。〈解説〉平山三郎
202784-8

う-9-6
一病息災
内田百閒
持病の発作に恐々としつつも医者の目を盗み麦酒をがぶがぶ……。ご存知百閒先生が、己の病、身体、健康について飄々と綴った随筆を集成したアンソロジー。
204220-9

の-3-13
戦争童話集
野坂昭如
戦後を放浪しつづける著者が、戦争の悲惨な極限に生まれえた非現実の愛とその終わりを「八月十五日」に集約して描く、万人のための、鎮魂の童話集。
204165-3